Das neue große **Buch der Trennkost**

Die Autorin

Ursula Summ wurde 1947 in Hofheim/Ts. geboren und kam als junge Frau über eigene Probleme mit Gewicht und Gesundheit zur Hay'schen Trennkost. Zum ersten Mal fand sie wirkliche Hilfe und begann, diese Ernährung weiterzuentwickeln und ihre Erfahrungen anderen Menschen mitzugeben. Mit ihrer eigenen Trennkost-Diät ist sie seit über 30 Jahren erfolgreich und hat bislang über 4 Millionen Bücher verkauft. Ursula Summ lebt mit ihrer Familie heute in Spanien, wo sie an neuen Konzepten arbeitet. Parallel zu ihren Büchern bietet sie ihren Lesern einen Trennkost-Fernlehrgang zum gesunden Abnehmen an.

Ursula Summ

Das neue große **Buch der Trennkost**

Über 180 neue Rezepte zum Abnehmen und Genießen

Inhalt

Vorwort

Liebe Leserinnen, liebe Leser!

Als ich 1978 die Haysche Trennkost für mich selbst entdeckte, ahnte ich nicht, mit welch großem Erfolg diese Ernährungsform sich einmal verbreiten würde.

Den Grund hierfür schilderte mir kürzlich eine Leserin: »Trennkost ist deshalb so erfolgreich, weil sie funktioniert! Man kann essen, worauf man Lust hat, spürt keinen Leistungsknick nach dem Essen, es gibt keine komplizierten Zubereitungen, und man braucht auch keine Spezialgeschäfte zum Einkaufen. Besonders angenehm: Die Trennkost ist überall durchführbar, auch am Arbeitsplatz, in Restaurants und auf Reisen.«

Mir sind die vielen Vorteile der Trennkost aus eigener Erfahrung natürlich schon lange bekannt, doch freut es mich immer wieder, wenn andere Menschen die gleichen Entdeckungen machen, wie ich sie einst machen durfte. Damals war ich sehr krank und stark übergewichtig. Durch Trennkost fand ich zu einem gesunden und harmonischen Leben zurück, erreichte mein Normalgewicht, und sämtliche Beschwerden verschwanden.

Mit Trennkost abnehmen und gesund werden

Dies war damals für mich der Startschuss, an die Öffentlichkeit zu gehen. Viele Jahre leitete ich daraufhin Trennkost-Seminare für Übergewichtige und Menschen mit Stoffwechselstörungen. Hautnah erlebte ich, wie füllige Menschen ihr persönliches Idealgewicht erreichten – und das, ohne zu hungern! Gleichzeitig wurde ich Zeuge, wie kranke Menschen nach dieser Ernährungsumstellung gesund wurden. Zuerst glaubte ich an Zufälle, doch immer wieder bestätigten mir Kursteilnehmer, unabhängig voneinander, die Verbesserung ihres Gesundheitszustands. Viele brauchten plötzlich keine Medikamente mehr, Migräneanfälle blieben aus, Verdauungsbeschwerden verschwanden, hohe Blutfett- und Cholesterinwerte sanken, und lästige Wechseljahresbeschwerden traten nicht mehr auf. All diese Menschen erlebten, wie sich durch Trennkost ihre körperliche und seelische Befindlichkeit entscheidend verbesserte. Und voller Begeisterung gaben sie die neu erworbenen Erfahrungen anschließend im Familien-, Freundes- und Bekanntenkreis weiter.

Diesen Menschen gilt heute mein besonderer Dank. Ohne die Mithilfe der von Mund zu Mund gehenden Propaganda hätte sich die Trennkost-Methode niemals so umfassend verbreiten können.

Machen auch Sie Ihre eigenen Beobachtungen – Sie werden erstaunt sein, um wie viel besser Sie sich schon nach kurzer Zeit fühlen werden. Führen Sie, wenn Sie möchten, zusätzlich ein Tagebuch. Vergleichen Sie zu einem späteren Zeitpunkt Ihre ersten Aufzeichnungen mit Ihrem aktuellen Gesundheitszustand, und Sie werden die außergewöhnliche Wirkung der Trennkost »schwarz auf weiß« bestätigt sehen.

Ich wünsche Ihnen eine erlebnisreiche und schöne Zeit!

Ihre Ursula Summ

Der einfache Einstieg

Trennkost –
die ideale
Ernährungsform

Wenn Sie abnehmen und sich gleichzeitig bewusst ernähren möchten, ist Trennkost ideal: Sie unterstützt die Verdauung, führt dem Körper alle lebensnotwendigen Stoffe zu und wirkt entgiftend. Die Folge: Sie fühlen sich rundum wohl in Ihrer Haut!

Trennkost – leicht erklärt

Unser Körper mit seinen vielen Funktionen ist vergleichbar mit einer kleinen biochemischen Fabrik. Bereits im Mund beginnt die Vorverdauung der Kohlenhydrate. Dies können Sie mithilfe eines kleinen Versuchs selbst überprüfen.

Kauen Sie über eine längere Zeit ein Stück Brot, so spüren Sie deutlich einen zunehmend süßlichen Geschmack. Durch die Einwirkung der Amylase, eines basischen Enzyms des Speichels, wird die Stärke der Kohlenhydrate in winzige Teilchen zerlegt. So wird beim Kauen die neutral schmeckende Stärke des Brots in so genannte Dextrine zerlegt, die süß schmecken.

Um hingegen eiweißreiche Lebensmittel vorverdauen zu können, benötigt der Körper das saure Milieu des Magens. Hier wird das Verdauungsenzym Pepsin aktiv. Es zerlegt, in Verbindung mit Salzsäure, die Eiweiße in kleinere Bausteine, die so genannten Peptide.
Für die Kohlenhydratverdauung werden im Magen selbst keine Enzyme hergestellt. Doch die Wirkung der Amylase bleibt so lange erhalten, bis der Mageninhalt mit dem salzsäurehaltigen Magensaft vermischt wird.

Isst man nun eiweiß- und kohlenhydrathaltige Speisen zusammen, so wird die basische Wirkung des Speichels beeinträchtigt, d. h. die Verdauung der Kohlenhydrate wird unterbrochen. Die nicht vorverdaute Stärke fängt im Dünndarm an zu »fermentieren« und zu gären – dabei entwickeln sich Alkohol und Kohlensäure. Nun produziert die »Verdauungsfabrik« Gase, was sich durch Blähungen, ein unangenehmes Völlegefühl oder Koliken, bemerkbar machen kann.

Info

Verdauung ist nicht gleich Verdauung
Fleisch, Fisch, Eier oder säurereiche Früchte brauchen zur Aufspaltung saure Verdauungssäfte. Kartoffeln, Reis, Nudeln und Getreide benötigen zur Zersetzung der Nahrung basische Verdauungssäfte. Isst man innerhalb einer Mahlzeit Eiweiß und Kohlenhydrate in größeren Mengen zusammen, kann es zu Sodbrennen oder stärkeren Beschwerden im Magen-Darm-Bereich kommen.
Anhand des farbigen Kombiplans auf Seite 38 bis 41 können Sie auf einen Blick erkennen, welche Nahrungsmittel zur Gruppe der Eiweiße (im Folgenden immer blau markiert) und welche zur Gruppe der Kohlenhydrate (im Folgenden immer rot markiert) gehören. Lebensmittel aus der neutralen Gruppe sind grün markiert. Da sie weder die Eiweiß- noch die Kohlenhydratverdauung stören, können sie sowohl mit eiweißreichen als auch mit kohlenhydrathaltigen Lebensmitteln kombiniert werden.

Wie entstehen Verdauungsbeschwerden?

Nach dem Magen ist der Dünndarm die nächste Station der Verdauung. Er hat die Hauptverdauungsarbeit zu leisten. Dabei sind ihm die Bauchspeicheldrüse, die Leber und die Galle behilflich.

Die Bauchspeicheldrüse hat mehrere Funktionen zu erfüllen. Sie muss den Blutzuckerspiegel regulieren sowie gemeinsam mit der aus der Leber stammenden Gallenflüssigkeit verschiedene Verdauungsenzyme zur Fett-, Eiweiß- und Kohlenhydratverdauung liefern. So werden die Kohlenhydrate in einfache Zucker, die Eiweiße in Aminosäuren und die Fette zu Fettsäuren und Glycerin abgebaut. Ohne die Enzyme und ihre Wirkung kann keine Verdauung stattfinden.

Stellt man nun seine Nahrung ungünstig zusammen, kann es durch die Überbelastung der Bauchspeicheldrüse zu einer verzögerten und nicht ausreichenden Verdauung kommen. Liegen die unvollständig vorverdauten Nahrungsbestandteile zu lange im Dünndarm, können sich durch die Wärme und Feuchtigkeit Gärungs- und Fäulnisgifte mit unangenehm blähenden Gasen bilden.

Die Dünndarmschleimhaut mit ihren vielen Millionen winziger Zotten übernimmt nun die Aufgabe, die zerlegten Nahrungsbestandteile zur Leber zu transportieren. Leider sind die Zotten nicht in der Lage, zwischen gut vorverdauten und verfaulten Stoffen zu unterscheiden, sondern saugen alle gleichermaßen auf. Die Leber muss alle ankommenden Stoffe aufnehmen, zersetzen und entgiften, um sie anschließend über das Blut an bestimmte Organe weiterzuleiten – sie ist also das zentrale Organ für die Versorgung unseres Körpers. Ungünstig zusammengestellte Nahrung belastet demnach nicht nur Magen und Darm, sondern unter anderem auch so wichtige Organe wie die Leber.

Die drei Lebensmittelgruppen

Eine Überlastung der Verdauungsorgane vermeiden Sie am besten, indem Sie Ihre Mahlzeiten trennkostgerecht zusammenstellen. Aber was

bedeutet das? Wie schon erwähnt, belasten wir den Stoffwechsel unnötig, wenn wir zusätzlich zu den stark kohlenhydrathaltigen Lebensmitteln (aus der zweiten Lebensmittelgruppe, siehe Seite 39) gleichzeitig eiweißreiche Nahrungsmittel (aus der ersten Lebensmittelgruppe) essen – oder umgekehrt.

Damit die Mahlzeiten nun aber nicht in Eintönigkeit enden, steht uns neben der Kohlenhydrat- und der Eiweißgruppe eine dritte Lebensmittelkategorie zur Verfügung. Sie umfasst die so genannte »neutrale Gruppe«, auch »Kombis« genannt (siehe Seite 39 ff.), die sowohl mit eiweißreicher als auch mit kohlenhydratreicher Nahrung zusammen verzehrt werden kann. »Neutral« bedeutet in diesem Zusammenhang nicht, dass diese Lebensmittel kalorienarm sind, sondern vielmehr, dass diese Speisen weder den Verdauungsprozess der Eiweiße noch den der Kohlenhydrate behindern. Kombis harmonieren mit allen anderen Lebensmitteln.
Doch Vorsicht, einige dieser neutralen Nahrungsmittel sind sehr gehaltvoll! Daher ist die Gruppe auf den Seiten 39 ff. in zwei Teile gegliedert: Verwenden Sie Lebensmittel aus Teil eins bitte nur sparsam – bei Teil zwei hingegen können Sie unbegrenzt zugreifen.

Welche Lebensmittel sind »neutral«?

Warum aber zählen gesäuerte Milchprodukte, rohes Fleisch bzw. roher Fisch sowie verschiedene Käsesorten zur neutralen Kost, obwohl diese Lebensmittel doch stark eiweißhaltig sind?

Die Erklärung dafür liegt in der leichten Verdaulichkeit dieser Lebensmittel und nicht, wie angenommen, in ihrem Eiweißgehalt. So sind zum Beispiel Joghurt, Quark, Kefir oder andere gesäuerte Milchprodukte stark eiweißhaltig, zählen aber dennoch zur Kategorie der »Neutralen«: Milchsäurebakterien leisteten hier für die Verdauung schon gute Vorarbeit, denn sie veränderten durch den Säuerungsprozess die Struktur der schwer verdaulichen Milch und machen diese Milchprodukte somit leichter verdaulich.

Milch bildet im Magen durch den Einfluss der Säure einen schwer verdaulichen Klumpen. Gesäuerte Milchprodukte haben den ersten Gärungsprozess schon hinter sich, sind durch die Gerinnung flockig und somit leichter verdaulich.

Auch rohes Fleisch und roher Fisch, wie Tatar, roher Schinken, luftgetrocknete Salami, Matjes, Hering oder Lachs, sind zwar eiweißreiche Nahrungsmittel, zählen aber, wie gesagt, dennoch zur neutralen Kost. Der Grund liegt hier in der im rohen Zustand noch unveränderten Zellstruktur. Erst durch Kochen oder Erhitzen verändert sich die Zellhaut, indem sie sich verdichtet und verhärtet. Dadurch werden Fleisch und Fisch schwerer aufspaltbar, d. h. schwerer verdaulich.

Heiß geräucherte Fische, wie etwa Makrele, Sprotten oder Heilbutt, sind trotz des hohen Fettgehalts neutral. Die in ihnen enthaltenen wertvollen Omega-3-Fettsäuren gelten als cholesterinsenkend und besitzen nachweislich eine Schutzwirkung auf Herz und Gefäße.

Auch alle Käsesorten, die aus naturbelassener roher Milch geschöpft und hergestellt werden, zählen zur neutralen Gruppe. Sie sind, ebenso wie Quark, durch Milchsäurebakterien gesäuert und damit leichter verdaulich. Bei pasteurisierten

Käsesorten fehlt oftmals die natürliche Säuerung, dadurch sind diese etwas schwerer verdaulich und zählen somit zur Gruppe der Eiweiße.

Zu den neutralen Lebensmitteln gehören ebenso alle Fette, gute Öle und Butter, sowie Sahne und vollfetter Käse ab 60 % Fett i. Tr. Dr. Howard Hay, der Begründer der Trennkost, erklärte dies damit, dass Fette nicht im Magen, sondern erst im oberen Teil des Dünndarms verdaut werden und somit weder die Eiweiß- noch die Kohlenhydratverdauung stören.

Ganze Eier zählen zur Eiweißverdauung, das Eigelb selbst zur neutralen Gruppe. Es hat zwar einen höheren Eiweißgehalt als das Eiklar selbst, gleichzeitig aber einen noch höheren Fettgehalt. Dies macht das Eigelb zur neutralen Kost. Obwohl der Verzehr von Eiern die Verdauung nicht ungünstig beeinflusst, sollten Sie dennoch sparsam damit umgehen.

Auch Sojaprodukte und alte Balsamico-Essige sind neutral

Tofu, Soja und Sojamilch zählten bisher zur Eiweißgruppe, aber nach den neuesten Erkenntnissen gehören sie in die Gruppe der Neutralen. Tofu ist ein so genannter »Soja-Käse« und wird durch Gerinnung aus Sojabohnenmilch gewonnen. Dadurch hat er bereits seine erste Verstoffwechselung hinter sich und stört somit nicht den Verdauungsablauf. Tofu und Soja enthalten kaum schwerverdauliche gesättigte Fettsäuren. Auch stecken sie voller Mineralstoffe wie Kalzium, Kalium, Selen und Eisen, enthalten Folsäure, Carotine und Flavone und sind cholesterinfrei. Sie wirken – im Gegensatz zu Fleisch – im Magen basisch und können einen gestörten Säure-Basen-Haushalt ausgleichen.

Auch Feigen-Balsamico oder sehr alte Balsamico-Essige, die bisher in der Eiweißgruppe standen, gehören in die neutrale Spalte. Sie haben aufgrund der langen Lagerung ihre übermäßige Säure verloren und zeigen nun eine basische Reaktion. Darum können sie, ebenso wie der Obstessig, gut zusammen mit Kohlenhydraten genossen werden.

Nachdem Sie die erste Grundregel, die Trennung der Lebensmittel, nun schon näher kennengelernt haben, werden Sie im Folgenden das Wichtigste über die beiden weiteren Grundpfeiler erfahren: das Säure-Basen-Gleichgewicht sowie die Vollwerternährung.

Wichtiger Wohlfühlfaktor: das Säure-Basen-Gleichgewicht

Sich säurearm und basenreich zu ernähren, ist wichtig für den gesamten Organismus, denn eine

Übersäuerung des Körpergewebes führt zu Befindlichkeitsstörungen und macht auf lange Sicht den Körper krank.

Erste Anzeichen und Warnsignale für eine Übersäuerung können Müdigkeit, depressive Verstimmungen, Unwohlsein, Übelkeit oder Sodbrennen sein.

Nach einiger Zeit treten weitere Beschwerden auf: Ein langsames Nachlassen der Konzentration, Kopfschmerzen, Verspannungen der Muskulatur, Gicht, Rheuma, Bandscheibenbeschwerden, Arthrosen und Herz-Kreislauf-Störungen sind häufig auf diese Fehlernährung zurückzuführen, selbst schwere Krankheiten wie Schlaganfall, Herzinfarkt und Krebs können durch eine jahrelange Übersäuerung mit verursacht werden.

Da Dr. Hay die Zusammenhänge zwischen Übersäuerung und Krankheit aus eigener Erfahrung bekannt waren, empfahl er, neben der Trennung der einzelnen Nahrungsmittel zusätzlich auf basenreiche Kost (siehe Kasten Seite 17) zu achten und weniger von den Nahrungsmitteln zu essen, die im Körper saure Rückstände hinterlassen.

Saure Rückstände behindern den Stoffwechsel

Alles, was wir essen oder trinken, wird mithilfe der Verdauungsorgane in kleinere Bausteine zerlegt, zersetzt und aufgespalten. Die Leber, das »Chemielabor« unseres Körpers, nimmt die ankommenden Stoffe auf, verwandelt sie in nährstoffreiches Blut und transportiert sie anschließend in unseren Zellstoffwechsel.

Info

Das Drei-Säulen-System
Die Trennkost steht auf drei Säulen:
- ▶ Die erste Säule ist die Trennung der sehr eiweißreichen von den sehr kohlenhydratreichen Nahrungsmitteln.
- ▶ Die zweite Säule ist die Beachtung des Säure-Basen-Gleichgewichts.
- ▶ Die dritte Säule ist die Vollwertigkeit der Speisen.

Was ist eigentlich der Stoffwechsel?

Der **Stoffwechsel** bezeichnet die Aufnahme, den Transport und die chemische Umwandlung von Stoffen in einem Organismus sowie die Abgabe von Stoffwechselendprodukten an die Umgebung. Eine **Stoffwechselstörung** bedeutet, vereinfacht ausgedrückt, dass der Stoffaustausch in den Körperzellen gestört ist. Um dies besser zu verstehen, muss man wissen, dass unser Körper aus etwa 50 bis 70 Billionen Zellen besteht.

Die **Zelle** bildet die kleinste lebensfähige Einheit im menschlichen Körper. Sie ist vergleichbar mit einem Ziegelstein beim Hausbau. Diese Ziegelsteine bzw. Zellen vereinigen sich zu Verbänden und bilden aus Haut, Muskel- Binde- und Nervengewebe, bildlich gesehen, die Mauern des Hauses. Knochenzellen bilden das innere Gerüst und die Stockwerke.

Zellen, die sich zu Organen formen, bilden die Räume. Blut und Lymphe stehen für den Mörtel, den man zum Bauen braucht. Alles zusammen ergibt das Haus, in unserem Fall die Einheit des menschlichen Körpers.

Die Zellen werden von einer Zellmembran umschlossen. In der Mitte der Zelle befindet sich der Zellkern, in der Fachsprache auch Nukleus genannt. Der Zellkern ist das Gehirn der Zelle – hier wird das Erbmaterial, die Gen-Information, gespeichert.
All diese unterschiedlichen Zellen sind nach demselben Grundschema aufgebaut, und in jeder von ihnen findet ein Stoffwechsel statt.

Die Aufgabe der meisten Zellen besteht unter anderem darin, ankommende Stoffe aufzunehmen, zu verwerten, und nach der Verwertung bzw. Verbrennung die Schlackenstoffe wieder auszuscheiden.

Durch Verbrennung entsteht Energie

Bei den Verbrennungsabläufen in den Zellen entstehen Energien. Sie werden für Vorgänge benötigt, die ständig und wie von selbst in uns ablaufen, etwa für den Herzschlag, die Atmung, das Denken, das Wachstum, für die Verdauungsvorgänge und die Sinneswahrnehmungen, also das Riechen, Schmecken, Sehen, Hören und Fühlen. Es werden aber auch Energien erzeugt, die wir für Muskelbewegungen, etwa zum Treppensteigen, Telefonieren, Kochen, Schwimmen, Radfahren, Laufen usw. benötigen.

Für diese Energieentwicklungen steht jeder Zelle ein eigenes kleines Kraftwerk, »Mitochondrium« genannt, zur Verfügung. Die Mitochondrien haben die wichtige Aufgabe, durch eine Pumpfunktion eine Zellspannung aufzubauen. Bildlich gesprochen: Es fließt Energie. Diese Energie treibt die Zellpumpe an und sorgt jetzt für den Austausch der Stoffe. Dies nennt man Stoffwechsel.

Brennstoff Nahrung

Damit dies alles funktionieren kann, benötigen unsere Zellen den geeigneten Brennstoff. Und diesen Brennstoff liefert unsere Nahrung in Form von Eiweiß, Kohlenhydraten und Fetten, außerdem Vitaminen, Mineralstoffen, Enzymen, Spurenelementen und Wasser. All diese Stoffe nehmen wir über die Nahrung auf, nur den Sauerstoff, der für den Stoffwechsel natürlich auch immens wichtig ist, atmen wir über unsere Lungen ein.
Damit wir also gesund bleiben und Energien entwickeln können, sollten unsere Zellen die ankom-

menden Stoffe in das Zellinnere lassen, und danach den Verbrennungsabfall wieder abpumpen können. Doch dazu ist unser Zellmilieu oftmals nicht mehr in der Lage: nämlich dann, wenn die Zellmembran sich aufgrund unserer falschen Ernährung, von zu wenig Bewegung oder infolge von schädlichen Umwelteinflüssen verdichtet und verhärtet hat.

Verhärtete Zellen haben ihre Pumpkraft verloren, sie sind schlecht durchblutet und verfügen dadurch nicht mehr über genügend Sauerstoff und Durchlässigkeit.

Hinzu kommt, dass jede Zelle in Wasser gebettet ist. Die Zwischenzellflüssigkeit dient als Transportmittel für die Stoffwechselprodukte und wird als »Solzustand« bezeichnet. Wenn wir zu wenig trinken und außerdem das Körpergewebe übersäuert ist, geht der wässrige Solzustand in einen Gelzustand über. Dadurch verhärten sich die Zellen und werden immer unbeweglicher. Stoffwechselstörungen können entstehen, was sich in diversen Beschwerden und Krankheitsbildern zeigt, z. B. Übergewicht, Bindegewebsschwäche, Hauterkrankungen, erhöhten Blutfettwerten, Bluthochdruck, Diabetes, Arthrose, Herz-Kreislauf- sowie Magen-Darm-Erkrankungen.

■ Mit Müsli starten Sie gesund in den Tag – besonders bekömmlich sind Getreideflocken kombiniert mit säurearmen Äpfeln oder Rosinen.

Was kann noch zu einer Übersäuerung der Körperzellen führen?

Der menschliche Organismus wird ununterbrochen mit Säuren konfrontiert, die z. B. beim Um- und Abbau von Nahrungsbestandteilen entstehen. Aber nicht nur die Ernährung spielt bei der Entstehung von Säuren in unserem Körper eine große Rolle – auch seelische Belastungen, wie familiärer oder beruflicher Stress, oder Lärm, Umweltgifte, Elektrosmog und exzessiver Sport können die innere Harmonie stören und haben negative Auswirkungen auf den Säure-Basen-Haushalt.

Da der Körper nur dann überleben kann, wenn im Blut zwischen Säuren und Basen ein Gleichgewicht herrscht, verfügt der Organismus glücklicherweise über Basendepots mit einem gut ausgeklügelten Puffersystem, um überschüssige Säuren neutralisieren zu können. Die Basendepots sind unsere Knochen, Knorpel, Sehnen, Bänder und unsere Muskulatur. Diese dienen nicht nur unserer geraden Körperhaltung, der schwungvollen Bewegung oder der flexiblen Muskelkraft, sondern stehen in Notsituationen den Verdauungsorganen als Mineralspender zur Verfügung.

Gegenspieler der Säuren sind die Basen

Immer wenn säurereich gegessen oder getrunken wurde, müssen unsere körpereigenen Basendepots hilfreich »einspringen«. Denn die von den Organen produzierten Verdauungssäfte sind basisch, d. h., sie sind voller Vitamine, Mineralstoffe, Spurenelemente und Enzyme. Lediglich die Magensäure ist sauer. Ohne die basischen Verdauungssäfte ist eine Verdauung nicht möglich. Also müssen wir dem Organismus zur eigenen Erhaltung und zum Ausgleich viel basenreiche Kost über die Nahrung zuführen.

Info

Stark säurebildende Nahrungs- und Genussmittel:

Fleisch- und Wurstwaren, Fisch und Meeresfrüchte, Käse, Eier, Weißmehlprodukte, Hülsenfrüchte, Pommes frites, Kartoffelchips, Fast Food, Fertiggerichte, raffinierter Zucker, Süßwaren, gehärtete Pflanzenfette, raffinierte Öle, Limonaden, Kaffee, schwarzer Tee, Kakao, alkoholische Getränke, Nikotin

Mittel bis schwach säurebildende Nahrungsmittel:

Getreide, Vollkornprodukte, Quark, gesäuerte Milchprodukte

Stark basenbildende Nahrungsmittel:

Gemüse, Salate, Kartoffeln, Keimlinge, Sprossen, frische Kräuter, reifes Obst, Sahne

Mittel bis schwach basenbildende Nahrungsmittel:

Pilze, frisch gepresste Säfte, Butter, Nüsse, Trockenobst

Geschieht dies nicht, treten die körpereigenen Puffersysteme in Aktion. Sie lösen zur Unterstützung des Verdauungsprozesses aus unseren basischen Depots wichtige Mineralien heraus. Ganz langsam bauen sich Muskulatur, Sehnen, Bänder und Knorpel ab, die Knochen entkalken. Der Körper entmineralisiert.

Ein gesunder Organismus ist in der Lage, alle belastenden Substanzen über Nieren, Darm, Lunge und Haut wieder auszuscheiden. Doch langfristig kann selbst der gesündeste Körper eine unaufhörliche Flut von sauren Rückständen nicht verkraften.

Wie Sie die Mahlzeiten zusammenstellen sollten

Laut Dr. Hay besteht der menschliche Körper zu 20 Prozent aus sauren und zu 80 Prozent aus basischen Elementen. Dementsprechend empfahl er, die täglichen Mahlzeiten zu 20 Prozent aus säurebildenden und zu 80 Prozent aus basenbildenden Nahrungsmitteln zusammenzustellen. Etwas lockerer genommen, besteht der ideale Mix aus 20 bis höchstens 40 Prozent Säurelieferanten und zu 60 bis 80 Prozent aus basischen Lebensmitteln.

Trotz Aufklärung bevorzugen aber leider immer mehr Menschen jene Nahrungsmittel, die im Körper vermehrt Säuren hinterlassen, wie z. B. große Fleischportionen, Weißmehlprodukte, Pommes frites, Kartoffelchips, Süßwaren, alkoholische Getränke, Fast Food und Fertiggerichte. Bei einer solchen Ernährung überwiegen eindeutig die Säurelieferanten, der Körper leidet unter einem Defizit an basenbildenden Nahrungsmitteln, was früher oder später gesundheitliche Probleme zur Folge haben kann.

Selbst wertvolle Nahrungsmittel lassen saure Abfallstoffe zurück

Eiweiße, Kohlenhydrate und verschiedene Fette sind wichtige Nahrungsbestandteile, zählen aber dennoch zu den mehr oder weniger starken Säurebildnern. Und so wertvoll einige Nahrungsmittel, die diese Bestandteile enthalten, auch sind, es bleiben nach Aufspaltung und Verbrennung im Körper saure Abfallstoffe in Form von Harnsäure, Milchsäure, Kohlensäure, Kohlendioxid und stickstoffhaltigen Abfallstoffen zurück.
Der Körper lagert die feinsten messerscharfen Kristalle da ein, wo sie am wenigsten stören:

▶ im Bindegewebe (dadurch kann eine Bindegewebsschwäche, auch Cellulite genannt, entstehen)
▶ an den Gefäßwänden (Arterien und feinste Gefäße können verkalken)
▶ im Auge (dadurch kann sich grauer Star entwickeln)
▶ in den Gelenken (dies kann zu Gicht, Arthrose oder Arthritis führen)
▶ in der Muskulatur (rheumatische Beschwerden können die Folge sein)
▶ an den Sehnen und Bändern (dies kann zu einer allgemeinen Versteifung des Körpers führen)
▶ in und unter der Haut (unreine Haut ist die Folge)
▶ in den Organen (was zu Steinbildung führen kann)

Da dieser Prozess der Selbstvergiftung sehr langsam vonstatten geht, wird er in der Regel von den Betroffenen kaum beachtet. In der Tat lässt sich unser Körper lange Zeit nichts anmerken, doch die Schäden, die daraus resultieren, sind oftmals verbunden mit schweren Krankheiten, die sich über Jahre hinziehen können (siehe Seite 14). Und nicht nur ein übergewichtiger Körper kann unter entsprechenden Symptomen leiden, auch ein schlanker Körper kann total übersäuert sein. Erstes Anzeichen einer Übersäuerung ist, wie bereits erwähnt, eine bleierne Müdigkeit. Mit den Jahren bemerkt man ein Nachlassen der Konzentration, es kann zu Kopfschmerzen und Verspannungen der Muskulatur kommen, auch Krebs oder Herz-Kreislauf-Erkrankungen, bis hin zum Herzinfarkt, können die Folge sein. All diese Erkrankungen sind auf Stoffwechselstörungen zurückzuführen und werden als »Säurekrankheiten« bezeichnet.

Fit mit vollwertiger Trennkost

Ein weiterer wichtiger Bestandteil der gesunden Ernährung ist die Vollwertkost. »Vollwertig« bedeutet, wie der Name schon andeutet, dass dem Körper der volle Wert der verschiedenen Nahrungsmittel zugeführt wird.

Zu den vollwertigen Lebensmitteln zählen frisches Getreide und Vollkornprodukte, Kartoffeln, naturbelassener Reis, Gemüse, Salate, Rohkost, Obst, hochwertige kaltgepresste Öle, Nüsse, Samen und Keimlinge.

Auf gesunden Böden und ohne übertriebenen Düngemitteleinsatz gewachsen oder aber aus naturbelassenen Lebensmitteln hergestellt, liefern vollwertige Nahrungsmittel dem Körper gesunde Energie in Form von hochwertigen Vitaminen, Mineralstoffen, Spurenelementen und Enzymen.

Sie werden schnell merken, dass es Spaß macht, sich mit natürlichen Nahrungsmitteln zu beschäftigen. Speisen aus naturbelassenen Lebensmitteln haben geschmacklich viel zu bieten und besitzen dank der Ballaststoffe einen sehr hohen Sättigungswert.

Ballaststoffe sind unverdauliche Bestandteile pflanzlicher Nahrungsmittel – das Fasergerüst von Getreide, Gemüse, Salaten und Obst. Durch ihre hohe Quellfähigkeit binden sie Wasser, vergrößern so das Volumen des Darminhalts und regen damit den Darm zu stärkerer Aktivität an. Dabei binden sie auch schädliche Stoffe, entgiften und entwässern also gleichzeitig. So sind sie äußerst wirksam bei lästigen Beschwerden wie

z. B. bei Darmträgheit, Verstopfung und auch bei Übergewicht.

Mit Trennkost gegen Zivilisationskrankheiten

Menschen, die sich fast ausschließlich von zu großen Wurst-, Käse- oder Fleischportionen, Pommes frites, Kartoffelchips, Weißmehlprodukten, Torten und Kuchen, Süßwaren, alkoholischen Getränken, Fast food und Fertiggerichten ernähren, riskieren auf Dauer einen massiven Nährstoffmangel. Dieser Vitamin- und Mineralstoffmangel kann sich auf den Organismus sehr unterschiedlich auswirken und langfristig Krankheiten zur Folge haben, deren Ursache meist nicht in falscher Ernährung gesucht wird.

Der Körper wehrt sich gegen diese Flut von unnatürlichen Speisen und sendet Signale aus, die auf Dauer nicht zu überhören sind. Anfangs sind es nur kleine Störungen in der Befindlichkeit: Man fühlt sich nicht ganz wohl in seiner Haut, leidet hier und da an einem kleinen Zipperlein, ist häufig müde oder gereizt. Viele fühlen sich den täglichen, vor allem den beruflichen Ansprüchen nicht mehr gewachsen, bringen dies aber nicht mit einem akuten Vitamin- oder Mineralstoffmangel in Verbindung.

Wer denkt denn schon daran, dass falsche Ernährung der Auslöser unangenehmer Beschwerden sein kann, z. B. nervöse Unruhe, Schwindelgefühle, Erschöpfung oder Niedergeschlagenheit bis hin zu Depressionen zur Folge haben kann? Oder dass nach dem regelmäßigen Genuss von Süßigkeiten der Körper immer wieder eine strapaziöse Über- und Unterzuckerung verkraften muss? Wussten Sie, dass durch zu viel Süßes auch ein Kalziummangel entstehen kann? Kalziummangel reduziert die Knochendichte und macht Knochen und Wirbel anfällig für Brüche.

Fehlt dem Körper aufgrund falscher Ernährung hingegen der Mineralstoff Magnesium, so kann dies zu schmerzhaften Wadenkrämpfen, langfristig sogar zu ernsthaften Herzbeschwerden führen.

Ein weiterer wichtiger Mineralstoff ist Kalium. Wenn wir zu wenig Gemüse, Salat, Rohkost, Obst oder andere kaliumreiche Lebensmittel

essen, dafür aber reichlich Wurst, Käse, Pizza oder Pommes frites, dann überwiegt in der Ernährung das Wasser bindende Natrium. Zu wenig Kalium und ein Zuviel an Natrium können den gesamten Wasserhaushalt blockieren und trotz des Wassers im Zellgewebe die Nieren regelrecht »vertrocknen« lassen.

Viele der häufig auftretenden Beschwerden sind mit Trennkost zu vermeiden. Sie werden schon kurze Zeit nach der Ernährungsumstellung merken: Bereits wenige kleine Änderungen der Essgewohnheiten wirken wahre Wunder!

■ In Paprika ist nicht nur reichlich Vitamin C, sondern auch viel Kalium enthalten – der Mineralstoff ist wichtig für den Wasserhaushalt in der Zelle.

Welche Erkrankungen kann Trennkost lindern?

Dass Trennkost Krankheitsverläufe positiv beeinflussen kann und viele Beschwerden lindert, kann ich nicht nur aufgrund meiner persönlichen Erfahrungen berichten, die ich mit Trennkost machte, sondern auch dank meiner langjährigen Berufserfahrung als Trennkost-Seminarleiterin. Immer wieder berichteten Kursteilnehmer, die an unterschiedlichsten Beschwerden litten, von der Verbesserung ihres Gesundheitszustandes. Nach der Umstellung auf Trennkost benötigten viele von ihnen plötzlich keine Medikamente mehr: Kopfschmerzen und Migräneanfälle traten nicht mehr auf, Magenbeschwerden und chronische Verstopfungen verschwanden, hohe Blutfett- und Cholesterinwerte normalisierten sich. Sogar Menschen mit Depressionen fanden zu einer positiven Lebenseinstellung zurück.

Positiv bzw. heilungsfördernd wirkte sich die Ernährung mit Trennkost bei folgenden Beschwerden und Erkrankungen aus:

▶ Übergewicht
▶ erhöhte Blutfettwerte, erhöhte Cholesterin- und Triglyceridwerte
▶ Diabetes Typ 1 und Typ 2
▶ Bluthochdruck, niedriger Blutdruck, Schwindelgefühle
▶ Venenentzündung, Ödeme, Bindegewebsschwäche (Cellulite), offene Beine
▶ stechende Schmerzen in den Knien
▶ übersäuerter Magen, Sodbrennen, Magendrücken, Magenbrennen
▶ Übelkeit, Völlegefühl
▶ chronische Verstopfung
▶ Hautunreinheiten, Furunkel, Ekzeme, Neurodermitis
▶ Migräneanfälle, Wechseljahresbeschwerden,

Info

Kalium und Natrium – zwei Gegenspieler

Kalium und Natrium sind Gegenspieler und sollten immer im gleichen Verhältnis zueinander gegessen werden.
Natrium bildet in Verbindung mit Chlorid Natriumchlorid (NaCl), besser bekannt als Kochsalz.
Kaliumreich sind fast alle Gemüse-, Salat-, Rohkost- und Obstsorten, ganz besonders jedoch Kartoffeln, Trockenobst und Bananen – etwa 800 Gramm davon decken den Tagesbedarf von 3 bis 5 Gramm.
Natrium (auch hier sollten 3 bis 5 Gramm pro Tag nicht überschritten werden) hält das Wasser im Gewebe zurück, während Kalium die Wasserausscheidung fördert. Natrium befindet sich vor allem in Brot, Wurst, Schinken, Käse und in allen Fertigprodukten. Studien zufolge liegt unser durchschnittlicher täglicher Salzkonsum bei 10 bis 15 Gramm, ohne dass der Salzstreuer benutzt wird! Besonders Übergewichtige und Menschen mit Bluthochdruck sollten daher übermäßiges Nachsalzen von Speisen vermeiden.

▶ nervöse Unruhe, Nervenkrankheiten
▶ Nierensteine
▶ rheumatische Beschwerden, Gicht

Die vielen eindrucksvollen Schilderungen von Menschen, deren Beschwerden durch die Umstellung auf Trennkost verschwanden, bestätigen immer wieder aufs Neue die gesundheitsfördernde Wirkung dieser Ernährungsmethode. Die Erklärung hierfür kennen Sie bereits: Durch die Trennung der extrem eiweißhaltigen von den extrem kohlenhydrathaltigen Nahrungsmitteln werden die Verdauungsorgane entlastet. Zusätzlich wird durch die vitamin-, mineralstoff- und enzymreiche basische Kost eine Verbesserung des gesamten Stoffwechsels und der Blutwerte herbeigeführt.

Trennkost – ein heißes Thema

Für einige ist bereits der Begriff »Trennkost« ein Reizwort, an dem sich immer wieder heiße Diskussionen entzünden. Die heftigste Kritik ruft immer noch die getrennte Essweise bei der Trennkost hervor, auch die Theorie vom Säure-Basen-Gleichgewicht wird häufig in Frage gestellt.

Doch einmal arglos gefragt: Was ist gegen einen Teller Salat in Verbindung mit einem Steak einzuwenden? Was spricht gegen ein Gemüse-Kartoffel-Gericht ohne Fleisch? Müssen zu Fleisch, Fisch oder Eierspeisen immer Kartoffeln, Nudeln, Reis oder Brot serviert werden? Und ist eine Mahlzeit nur dann sättigend, wenn auf dem Teller Schnitzel, Kartoffeln und Gemüse gemeinsam liegen?

Meine persönlichen Erfahrungen, die ich im Laufe meiner langen Diätlaufbahn machte, wiesen ansatzweise bereits in die richtige Richtung. So stellte ich vor vielen Jahren fest, dass Diäten, die entweder nur aus Eiweiß (z. B. die Atkins-Diät, die Eier- oder Würstchendiät) oder nur aus Kohlenhydraten (die Kartoffel-, Reis- oder Brotdiät) bestanden, immer erfolgreich waren. Der Haken an diesen Diäten war jedoch, dass die Vitamin-

und die Mineralstoffzufuhr dabei absolut unzureichend waren und ich zudem nach kurzer Zeit einen Widerwillen gegen die einseitige Ernährung entwickelte.

Doch die Erfolge dieser Diäten regten meinen Forschungsdrang an. Durch Zufall stieß ich dabei auf die Lehre der Hayschen Trennkost. Um mehr über diese Art der Ernährung zu erfahren, arbeitete ich viele Fachbücher und Werke anerkannter Ernährungsforscher und Ärzte durch. Ich reiste quer durch Deutschland, sprach mit Professoren, Säure-Basen-Forschern, Ärzten und Heilpraktikern und verbrachte meine Zeit auf Seminaren über gesunde Ernährung und Trennkost. Um meine Kenntnisse besser in die Praxis umsetzen zu können, besuchte ich außerdem eine Kochschule. Stück für Stück, ähnlich wie in einem Puzzlespiel, setzten sich die verschiedenen Erkenntnisse langsam zu einem logischen Ganzen zusammen, und mir wurde klar, dass ich mein Wissen und meine Erfahrung gerne weitergeben wollte.

Hatte Howard Hay doch Recht?

Die offizielle Ernährungslehre lehnt eine Ernährungsform nach den Regeln der Trennkost ab. Doch inzwischen liegen einige Forschungsergebnisse vor, die den Grundgedanken des Begründers der Trennkost, Dr. Howard Hay, bestätigen.

So beobachtete z. B. Prof. Dr. med. Pirlet, der ehemalige Lehrstuhlinhaber für Innere Medizin an der Universität Frankfurt am Main, dass viele Krankheiten und Beschwerden seiner Patienten im Magen- und Darmbereich durch eine Ernährungsumstellung gelindert werden konnten. Er vertrat die Meinung, dass bei vielen Menschen die Verdauungsorgane nicht in der Lage seien, gleichzeitig größere Eiweißmengen und größere Kohlenhydratmengen richtig zu verarbeiten.

Auch Dr. Klaus D. Wutzke, der Leiter des Forschungslabors der Kinder- und Jugendklinik in Rostock, bestätigte die Wirkung der Trennkost: Nach einigen Ernährungstests stellte er fest, dass bei zwei Gruppen mit gleicher Kalorienzufuhr jene Gruppe, die sich nach dem Trennkost-Prinzip ernährte, bessere Erfolge bei der Gewichtsabnahme vorwies als die Gruppe mit üblicher Mischkost.

Inzwischen konnten weitere experimentelle Beweise für die Wirksamkeit der Trennkost erbracht werden. Eine an der Universität Bloemfontein in Südafrika durchgeführte Langzeitstudie an 30 übergewichtigen Frauen ergab, dass jene Frauen, die konsequent nach den Trennkostregeln trennten, nicht nur mehr Gewicht verloren, sondern auch niedrigere Nüchtern-Insulinwerte aufwiesen.

In Deutschland erforschte Dr. med. Martin Noelke die Wirkung der Trennkost auf Blutzucker, Insulinausschüttung und Gewichtsabnahme. Nach umfangreichen Blutuntersuchungen bei Trennköstlern und Nicht-Trennköstlern lieferte er den wissenschaftlichen Nachweis, warum man mit Trennkost abnimmt: Da Trennkost den Blutzuckerspiegel nicht unnötig erhöhe, sei auch die Insulinentwicklung dementsprechend gering, die die Schlüsselsubstanz für die Fettgewebsneubildung darstellt.

Dr. Thomas M. Heintze, früherer Chefarzt der Asklepios-Klinik in Homberg/Ohm und Nachfolger des legendären »Trennkostpapstes« Dr. Walb, liefert in seinem Buch: »Der Trennkost-Doktor« (siehe Seite 187) zahlreiche experimentelle Beweise und überzeugende Ergebnisse für die heilsame Wirkung der Trennkost auf den Stoffwechsel und den gesamten Organismus.

In der Doktorarbeit des Ernährungswissenschaftlers Dr. Markus Keller, »Alternative Ernährungskonzepte«, Gießen 2007 (siehe Seite 187), wird die Trennkost, mit den Empfehlungen zur Lebensmittelauswahl, überwiegend positiv bewertet.

In Australien waren die Forscherinnen Susanne H. A. Holt und Janet C. Brand Miller von der University of Sydney auf der Suche nach den Ursachen für das weltweit verbreitete Übergewicht und die daraus resultierenden Stoffwechselerkrankungen. Sie testeten die Insulinentwicklung im Körper nach verschiedenen Mahlzeiten. Dabei entdeckten sie, dass die Bauchspeicheldrüse bei verschiedenen kohlenhydrat- und eiweißhaltigen Speisen mit einer stark ansteigenden Insulinkurve antwortete – noch höher, als hätte man nur Weißbrot gegessen.

Heute ist wissenschaftlich belegt, dass ein niedriger Insulinspiegel wünschenswert ist, nicht nur für die Gewichtsreduktion, sondern auch bei vielen Erkrankungen, die mit Übergewicht einhergehen.

Eine ähnliche Entdeckung machten auch Wissenschaftler der Harvard University in Boston: Übergewicht sei oftmals die Folge einer selbst herbeigeführten Insulin-Überproduktion. So leiden viele dicke Menschen daran, dass ihre Bauchspeicheldrüse aufgrund falscher Ernährung zu viel Insulin produziert.

Gesund und lecker: Trennkost im Alltag

Ob zu Hause, im Büro oder auf Reisen:
Sie können sich fast überall problemlos mit
Trennkost ernähren. Mit etwas Sachkenntnis
und Lust auf neue Rezepte können
Sie täglich eine Menge für Ihre Gesundheit
tun – ohne dabei auf den Genuss
verzichten zu müssen!

Die Umstellung ist ganz einfach

Entdecken Sie mit Trennkost Ihre inneren Kräfte und erleben Sie, wie Sie Tag für Tag mit ganz einfachen Mitteln Ihr Wohlbefinden steigern können. Wenn Sie Ihre Mahlzeiten nach den Trennkostempfehlungen zusammenstellen, gehören Verdauungsbeschwerden oder der berühmte Leistungsabfall nach dem Essen schnell der Vergangenheit an.

Mit der Ernährungsumstellung auf Trennkost werden die Körperzellen aus dem sauren Milieu befreit und dabei gleichzeitig entgiftet. Belastende Abfallstoffe werden entsorgt; durch eine großzügige Aufnahme von Vitalstoffen werden neue Gesundheitsreserven gebildet.

Sie sollten lediglich bei der Auswahl der Lebensmittel auf mehr Qualität achten: also möglichst naturbelassene Kost kaufen und auf industriell verarbeitete Nahrungsmittel mit Geschmacksverstärkern verzichten.

Essen Sie viel frisches Obst, Salate und Gemüse. Verwenden Sie hochwertige, kaltgepresste Öle oder gute Butter und vermeiden Sie gehärtete Fette, denn diese wandeln sich im Körper in Transfettsäuren um und können so den Cholesterinspiegel in die Höhe treiben.

Bevorzugen Sie Fisch, Meeresfrüchte und mageres Fleisch. Gepökelte und geräucherte Speisen sollten nicht zu oft auf dem Speiseplan stehen. Gleiches gilt für alkoholische Getränke, süße Limonaden und Weißmehlprodukte. Meiden Sie vor allem Fast Food und Fertiggerichte.

Aber natürlich spielt auch die Zusammenstellung der Speisen für Ihre Gesundheit eine wesentliche Rolle. Stimmen Sie die täglichen Mahlzeiten harmonisch, d. h. trennkostgerecht, aufeinander ab. Die Kombinationsmöglichkeiten sind vielfältig, da Sie unter einem reichen Nahrungsmittelangebot frei auswählen können (siehe Seite 38 bis 41). Endlich quält kein Sodbrennen mehr, verschwunden sind auch die bleierne Müdigkeit oder der Leistungsknick nach einer üppigen Mahlzeit!

Hinzu kommt: Wenn Sie Kinder haben, müssen Sie nicht für den Rest der Familie ein anderes Gericht kochen. Sie können die Mahlzeiten nach Bedarf einfach durch Beilagen ergänzen. So isst jeder das, was er oder sie am liebsten mag. Bei Trennkost muss niemand auf etwas verzichten, denn bei der reichhaltigen Auswahl an Rezepten sind für jeden Lieblingsgerichte dabei.

So starten Sie gesund in den Tag

Nehmen Sie sich zum Frühstück etwas Zeit und beginnen Sie den Tag mit einem leichten Frühstück. Wählen Sie nach Belieben aus zwischen einem Obstfrühstück, einem Müsli, einem belegten Brot oder einem Eiergericht.

Wenn Sie sich für Obst entschieden haben, dann greifen Sie in beliebiger Menge zu. Frisches Obst sättigt gut aufgrund seines Volumens und verhindert so Heißhungeranfälle. Obstsorten, die sehr viel Fruchtsäure enthalten, zählen zur Eiweißgruppe und werden dementsprechend im sauren Milieu des Magens vorverdaut. Trotzdem reagiert säurehaltiges Obst später im Stoffwechsel basisch. Mischen Sie jedoch frisches, säurehaltiges Obst der Eiweißgruppe nicht mit Bananen, Feigen oder Datteln, da diese zur Gruppe der Kohlenhydrate gehören.

Möchten Sie zum Frühstück lieber ein Müsli oder einen Getreidebrei essen, dann ist es verträglicher, statt frischer Milch gesäuerte Milchsorten wie Kefir, Joghurt, Buttermilch oder Soja- bzw. Reismilch beizumischen. Auch säurehaltiges Obst, wie z. B. Beerenfrüchte, Kern-, Steinobst oder Zitrusfrüchte, ist gemeinsam mit Haferflocken oder anderen Getreidesorten nicht zu empfehlen. Besser zum Müsli eignen sich Nüsse, Rosinen, Honig, Sonnenblumenkerne, Trockenfrüchte, mürbe Äpfel und Bananen.

Wenn Sie zum Frühstück lieber eine Scheibe Brot essen, dann achten Sie auch hier auf eine harmonische Zusammenstellung. Bestreichen Sie das Brot mit etwas Butter oder Frischkäse und belegen Sie es mit Wurst oder Käse aus der neutralen Gruppe. Da es keine hundertprozentige Trennung von Eiweiß und Kohlenhydraten gibt, können Sie in kleinen Mengen (etwa 30 Gramm) auch Wurst oder Käse aus der Eiweißgruppe wählen. Essen Sie guten Gewissens auch ab und zu ein Eiergericht zum Frühstück, z. B. Rührei oder gekochte Eier, dann jedoch ohne Brot, stattdessen mit reichlich neutralem Gemüse, wie z. B. Tomate, Gurken oder Paprika.

Kaffee oder schwarzer Tee sind zwar säurebildend, haben aber auch ihre positiven Seiten. So üben Koffein und Teein, in Maßen genossen, eine stimulierende Wirkung auf das zentrale Nervensystem aus. Um die Säure etwas zu mildern, können Sie die Muntermacher mit etwas Kaffeesahne mildern. Zum kalorienarmen Süßen eignen sich sehr gut Stevia-Produkte (siehe Seite 145).

Der kleine Snack am Vormittag

Zwischen Frühstück und Mittagessen ist es sinnvoll, eine kleine Zwischenmahlzeit einzulegen. Wählen Sie frisches Obst der Saison, wie z. B Erdbeeren, Pflaumen, Äpfel, Birnen oder Zitrusfrüchte. Sie können aber auch in beliebiger Menge geraspelte Möhren, Paprika, Gurke oder Ähnliches essen, ebenso Joghurt, Trinksauermilch, Kefir oder Buttermilch.

Genuss ohne Reue: das Mittagessen

Mittags haben Sie die Auswahl zwischen einer Eiweiß- oder einer Kohlenhydratmahlzeit. Entscheiden Sie sich für eine Eiweißmahlzeit, dann können Sie zwischen Fleisch, Fisch, Käse oder Eiern wählen. Bevorzugen Sie eine Kohlenhydratmahlzeit, steht ein Kartoffel-, Nudel-, Reisoder Getreidegericht zur Auswahl.

Wichtig ist in jedem Fall, vor oder zu der Mahlzeit einen Teller Salat, Rohkost oder Gemüse zu essen. Auch können Sie eine halbe Stunde vor dem Essen nach Wunsch noch eine kleine Obstmahlzeit mit einplanen. Das sättigt nicht nur, sondern liefert dem Organismus zusätzlich wertvolle Vitamine, Enzyme und Mineralien. Da säurereiches Obst leicht verdaulich ist und schon nach etwa einer halben Stunde basisch verstoffwechselt wird, können Sie anschließend auch eine kohlenhydratreiche Mahlzeit zu sich nehmen. Planen Sie Ihr Mittagessen frühzeitig, denn der nächste Hunger kommt bestimmt. Auf die Schnelle ungünstig zusammengestelltes Essen macht müde und belastet den Verdauungsapparat unnötig. Im Rezeptteil finden Sie eine Fülle an Gerichten, die sich problemlos zubereiten lassen und auch zum Mitnehmen an den Arbeitsplatz bestens geeignet sind.

Gegen das Leistungstief: Energie am Nachmittag

Am Nachmittag sinkt bei fast allen Menschen der Blutzuckerspiegel. Dadurch macht sich ein Leistungseinbruch besonders bemerkbar. Eine reife Banane, Feigen, Nüsse, Kerne oder Rosinen sorgen jetzt für einen raschen Energienachschub.

Ein leichtes Abendessen sorgt für guten Schlaf

Auch abends ist basenreiche Kost angesagt. Darum sollte der Gemüse- oder Salatteller zu einer eiweiß- bzw. kohlenhydratreichen Mahlzeit nicht fehlen. Die original Haysche Trennkost empfiehlt, am Abend nach Möglichkeit auf schwer verdauliche Eiweißgerichte zu verzichten, da diese zu lange im Magen und Darm verweilen würden. Durch Wärme und Feuchtigkeit, so Dr. Hay, komme es schnell zu einer Gärungs- und Fäulnisbildung, was sich negativ auf das Säure-Basen-Gleichgewicht im Körper auswirken könnte. Gesünder ist am Abend ein leichter Kohlenhydratimbiss: Er fördert das Schlafhormon »Melatonin«, erleichtert so das Einschlafen und sorgt für einen erholsamen Schlaf.

Neuere Diätratgeber hingegen empfehlen am Abend eiweißhaltige Gerichte, damit der Körper über Nacht gezwungen ist, die Energie aus den Fettreserven zu holen. Dies gelingt nur bei niedrigem Blutzuckerspiegel, d. h. wenn ein abendlicher Nachschub an Kohlenhydraten ausbleibt. Doch entscheiden Sie selbst nach eigener Verträglichkeit, welche Art von Mahlzeit Sie am Abend bevorzugen. Als Trennkost-Seminarleiterin habe ich die Erfahrung gemacht, dass es keine starren Formeln gibt, die sich bei jedem gleich auswirken. Sie können daher bei trennkostgerechter

Ernährung Kohlenhydrate auch am Abend essen und werden trotzdem dabei abnehmen.

Empfehlenswerte Esspausen zwischen den einzelnen Mahlzeiten:

Nach dem Frühstück: 2 bis 3 Stunden
Nach dem Vormittagssnack: 1 ½ Stunden
Nach dem Mittagessen: 3 bis 4 Stunden
Nach dem Nachmittagssnack: 2 Stunden
Nach dem Abendessen (bis spätestens 20°° Uhr) sollten Sie nichts mehr essen.

Info

Schritt für Schritt zu mehr Wohlbefinden

Nehmen Sie sich gerade jetzt am Anfang ein wenig Zeit und machen Sie sich mit der Trennkost vertraut. Beginnen Sie dann in kleinen Schritten.

Die Lebensmittelauswahl sollte wie folgt aussehen: Frische Salate, Rohkost, Gemüse, Keimlinge, Samen, Kerne, Obst, Vollkornerzeugnisse, Kartoffeln, Naturreis, kaltgepresste Öle, Milchprodukte, in nicht zu großen Mengen Eier und Fleisch. Auch Fisch sollte immer wieder auf dem Speiseplan stehen, da er Jod und essenzielle Fettsäuren liefert.

Stellen Sie als Nächstes mithilfe des Trennungsplans Ihre täglichen Mahlzeiten zusammen. Lebensmittel der neutralen Gruppe lassen sich beliebig mit den Eiweißen, aber auch mit den Kohlenhydraten kombinieren, da sie den Verdauungsprozess nicht stören.

■ Auch Kinder mögen Trennkost – sofern Sie die Ernährung in kleinen Schritten umstellen und die Vorlieben Ihrer Sprösslinge mit einbeziehen.

Vergessen Sie das Trinken nicht

Trinken ist besonders wichtig, denn jedes Glas Wasser fördert die Entschlackung und Gewichtsabnahme. Wählen Sie zur Abwechslung auch mal Früchtetees oder verdünnte Obst- bzw. Gemüsesäfte. Kräutertees haben eine arzneiliche Wirkung, trinken Sie diese darum in einem wechselnden Rhythmus. Vermeiden sollten Sie nach Möglichkeit Limonaden, Colagetränke, Iso-Drinks, Light-Getränke und Alkohol; auch bei Kaffee und schwarzem Tee sollten Sie eher zurückhaltend sein (siehe Kasten Seite 26).

Trennkost in der Familie

Eine Ernährungsumstellung bei der ganzen Familie durchzusetzen, ist mit allerlei Schwierigkeiten verbunden. Auch hier kann ich aus eigener Erfahrung berichten, da ich mir einst selbst mit großer Begeisterung diese Aufgabe stellte. Von einem Tag auf den anderen gab es keine hellen Brötchen mehr, dafür kräftiges Vollkornbrot. Normale Nudeln tauschte ich gegen braune Vollkornnudeln aus, und alles, was nur entfernt mit Industrienahrung zu tun hatte, verbannte ich aus unserer Küche. Hinzu kam, dass es plötzlich zum Fleisch keine Kartoffeln mehr gab, dafür aber Berge von Gemüse und Salat.

Mit dieser Aktion stieß ich, wie Sie sicher ahnen, an meine Grenzen: Meine Familie streikte. Die Kinder aßen lieber bei Oma, und mein Mann wusste plötzlich, welche Imbissbuden die besten Bratwürste verkauften. In meiner Trennkost-Euphorie ließ ich lange Zeit keine Alternativen zu. Ich war überzeugt, die alleinige Glückseligkeit läge im gesunden Essen. Zum Glück wurde mir bald klar, dass eine gesunde Ernährung bereichern, aber niemals verhärten sollte.

Tipps und Tricks für eine erfolgreiche Ernährungsumstellung

Wenn Sie den Wunsch verspüren, nicht nur Ihre Ernährung, sondern auch die Ihrer Familie auf Trennkost umzustellen, sollten Sie, wie mein Beispiel zeigt, nicht zu hart mit sich und Ihrer Familie umgehen. Versuchen Sie anfänglich nur dort etwas zu ändern, wo es Sie und Ihre Familie am wenigsten stört. Beginnen Sie beispielsweise damit, statt Knabbereien immer einen Teller mit geschnittenem Obst auf den Tisch zu stellen. Oder schmuggeln Sie etwas Vollkornbrot mit in den Brotkorb hinein. Beim Backen eines Nusskuchens können Sie die Hälfte des Mehls durch feines Dinkelvollkornmehl ersetzen. Dadurch bekommt der Kuchen einen noch intensiveren Nussgeschmack.

Lassen Sie Ihre Familie mitentscheiden, anstatt streng und kategorisch »ungesunde« Nahrungsmittel zu verbieten. Sprechen Sie gemeinsam die verschiedenen Möglichkeiten durch und berücksichtigen Sie die Vorlieben Ihres Partners / Ihrer Partnerin und die Ihrer Kinder.
Bei vielen leckeren Gerichten in diesem Buch, die Sie Ihrer Familie serviert haben, werden Ihre Sprösslinge vielleicht erstaunt sagen: »Das alles sind Trennkostgerichte? Die schmecken ja richtig gut!« Kurz: Seien Sie immer wieder bereit zu Kompromissen – so provozieren Sie keine Abwehrhaltung bei Ihren Angehörigen.

Essvorschläge für Kinder und Jugendliche

Frühstück
Bieten Sie verschiedene Brot- oder Brötchensorten an, wenn möglich, vollwertig, bunt belegt mit Wurst oder Käse. Hin und wieder können es auch ein Schokoladenaufstrich oder Marmelade sein. Verschiedene Müslis, angereichert mit Nüssen, Rosinen, Honig und gesäuerten Milchprodukten oder Sojamilch, sind ein vollwertiges Frühstück. Wenn Ihr Kind Kefir, Buttermilch und ähnliche Produkte kategorisch ablehnt, geben Sie auf das Müsli die gewünschte Milch.

Pausensnack am Vormittag
Kinder und Jugendliche haben einen höheren Energiebedarf, darum können sie in der Pause ein belegtes Brötchen gut vertragen. Zum Garnieren eignen sich Salatblätter, dünne Gurken-, Möhren-, Radieschen- oder Tomatenscheiben. Auch Obst gewährleistet eine gute Vitaminzufuhr, ebenso wichtig sind Milchprodukte.

Um Brot oder andere Lebensmittel frisch, hygienisch und unzerdrückt zu transportieren, ist die richtige Verpackung wichtig. Am besten eignen sich Behälter mit einem gut schließenden Deckel.

Mittagessen
Kinder mögen Rahmsaucen, Pizza, Pommes, Kartoffelpüree, Kartoffelpuffer mit Apfelbrei, Spaghetti Bolognese, Frikadellen, Quark, Reis- oder Grießbrei mit Äpfeln und Nüssen. Oftmals akzeptieren sie auch pürierte Gemüsesuppen, püriertes Gemüse in kräftigen Farben und selbstgeschnittene Möhren und Kartoffeln. Nicht alle genannten Speisen sind trennkostgerecht. Doch auch hier sollten Sie ab und zu beide Augen zudrücken und es bei diesen nicht ganz harmonischen Kombinationen belassen. Ideal wäre natürlich entweder eine eiweiß- oder eine kohlenhydratreiche Mahlzeit.

Wenn Ihre Kinder zu den Gemüse- und Salat-muffeln gehören, nützt der erhobene Zeigefinger gar nichts. Besser ist es, sie auszutricksen: Zum Mittag- bzw. Abendessen bieten Sie Gemüse oder Salat gar nicht erst an. Schneiden Sie dafür zwischendurch immer wieder mal Gurken, Möhren, Kohlrabi oder andere Rohkost in feine Stifte auf. Sie werden überrascht sein, wie schnell solche Teller leer sind! Auch Obst, in kleine Würfel geschnitten, kommt bei Jung und Alt immer gut an.

Der süße Snack am Nachmittag

Verlorene Energien kehren nach dem Genuss einer reifen Banane, saftiger Früchte der Saison oder Haferflocken mit Nüssen und Rosinen schnell zurück. Auch ein Müsliriegel oder Joghurt mit Honig und Zimt sind willkommene und wohlschmeckende Energiespender.

Abendessen

Ein leichter, kohlenhydratreicher Imbiss am Abend fördert das »Schlafhormon« Melatonin, erleichtert das Einschlafen und sorgt für einen guten, regelmäßigen Schlaf. Bausteine für Melatonin liefern Vollkornprodukte, Kartoffeln, Nudeln, Naturreis, Bananen, Datteln, Feigen, Gemüse und Nüsse. Schwer verdauliche Eiweiß-mahlzeiten sollten Kinder am Abend nicht zu sich nehmen. Anregungen für geeignete Mittag- bzw. Abendessen finden Sie im Rezeptkapitel für Kinder (siehe Seite 154 ff.).

Schnelle Trennkost – fast ohne Kochen

Spielt der Faktor Zeit auch bei Ihnen eine immer größer werdende Rolle? Damit gesundes Essen nicht auf der Strecke bleibt, hier ein paar wertvol-le Tipps, die sich wunderbar mit Trennkost vereinbaren lassen:

Um möglichst viele Lebensmittel immer schnell parat zu haben, ist es gut, wenn Sie sich einen kleinen Proviant an lagerfähigen Nahrungsmitteln zulegen. Dazu gehören Kartoffeln, Naturreis, Nudeln ohne Ei, Getreide, Gewürze und ein gutes Öl. Ebenso interessant für die leckere und schnelle Zubereitung sind Joghurt, Quark, Sahne, Eier und eventuell Käse zum Überbacken.

Trennkost-Neulinge dürfen die lieb gewordenen »Küchenhelfer« in Form von Saucenbindern, Gewürz-pulver, fertigen Salatsaucen und Speck zum Anbraten vorerst weiter verwenden. Nach und nach können Sie diese dann durch wertvollere und gesündere Lebensmittel ersetzen.

Besonders bequem wird das Kochen durch Tief-kühlkost. Hier gibt es fast alle Gemüsesorten, von Blumenkohl über Rotkohl bis hin zu Zucchini, fertig geputzt und zerkleinert. Wählen Sie am besten die natürlichen Gemüsesorten aus, möglichst ohne beigefügte Rahmsaucen. Besorgen Sie auch eine Auswahl an verschiedenen tiefgefrorenen Kräutern, Suppengrün, Knoblauch und Zwiebeln, die in praktischen Päckchen im Handel sind. Für köstliche Desserts stehen tiefgefrorene Erdbeeren, Himbeeren, Johannisbeeren, Heidelbeeren oder Kirschen das ganze Jahr über zur Verfügung.

Natürlich sind frisches Gemüse und Obst vom Markt den tiefgefrorenen Produkten immer vorzuziehen, doch Tiefkühlprodukte sind, was die Wertigkeit der Nährstoffe angeht, dem frischen Gemüse vom Bauern fast ebenbürtig.

Auch das »Fertigprodukt« Sauerkraut ist wegen seines hohen Vitamin-C-Gehalts durchaus empfehlenswert. Vor Jahrhunderten wurde es bereits auf Schiffsfahrten mitgenommen, um Skorbut oder anderen Vitaminmangel bei der Besatzung zu verhindern.

Trennkost unterwegs

Wenn Sie Spaß daran gefunden haben, Ihre Mahlzeiten harmonisch zu gestalten, können Sie dies auch unterwegs weiter beibehalten. Durch die reichhaltigen Angebote vieler Lokale wie Cafeterias, Snack Bars, Fischläden und Restaurants fällt es ganz leicht, nach den Regeln der Trennkost auszuwählen.
Die erste Entscheidung liegt darin, ob Sie lieber eine Eiweiß- oder eine Kohlenhydratmahlzeit zu sich nehmen möchten. Fällt die Wahl auf eine Eiweißmahlzeit, z. B. ein Fleisch- oder Fischgericht, so wählen Sie statt der Beilagen in Form von Kartoffeln, Nudeln, Reis oder Brot besser die doppelte Portion an Gemüse oder Salat.

Bevorzugen Sie eine Kohlenhydratmahlzeit, so haben Sie gewöhnlich eine reiche Auswahl. Die meisten Restaurants bieten inzwischen köstliche Nudel- oder Reisgerichte ohne Fleisch und Fisch an. Auch hier wählen Sie als Vorspeise oder zum Essen einen neutralen Salat oder Gemüse.

Können Sie sich einmal gar nicht zwischen einer eiweiß- oder einer kohlenhydratreichen Mahlzeit entscheiden, dann essen Sie Ihr Gericht einfach so, wie es angeboten wird. Doch nutzen Sie die Situation zur »Selbststudie«: Wie fühlen Sie sich nach einer gemischten Mahlzeit? Sind Sie müde oder verspüren Sie ein unangenehmes Völle-gefühl? Machen Sie diese Erfahrung – getrennt essen / gemischt essen – am eigenen Körper. Sie werden überrascht sein, wie wohl Sie sich fühlen werden.

Trennkost am Arbeitsplatz

Auch am Arbeitsplatz können Sie sich trennkostgerecht ernähren. Der Vorteil: Harmonisch zusammengestellte Mahlzeiten bewirken nach dem Mittagessen kein Leistungstief. Sie werden schnell merken, dass Sie mithilfe von Trennkost auch die zweite Tageshälfte mit Schwung und guter Laune blendend bewältigen können. Wichtig ist allerdings die gute Vorausplanung. Ohne Planung werden Sie schnell Opfer des eigenen Heißhungers und greifen viel zu oft zu ungesunden Snacks.

Als »Selbstversorger« bereiten Sie am Vorabend Ihre Mahlzeit in doppelter Menge zu und nehmen den Rest am nächsten Tag, gekühlt und gut verschlossen, mit an den Arbeitsplatz (siehe Seite 32, Wochenplan für Berufstätige). Wichtig: Nehmen Sie sich zum Essen, auch wenn es mal hektisch zugeht, genug Zeit!

Verfügen Sie aber über eine gute Kantine, dann sollten Sie diese auch nutzen. Da der Kantinen-Speiseplan meist für eine ganze Woche aushängt, können Sie sich gut vorbereiten. Entscheiden Sie sich auch hier wieder für eine Eiweiß- oder Kohlenhydratmahlzeit und wählen Sie zusätzlich die doppelte Portion Gemüse oder Salat. Sind die Gemüse- oder Salatportionen in der Kantine nicht ausreichend, so sorgen Sie vor und nehmen Sie sich einfach von zu Hause Rohkost in Form von Tomaten, Gurken, Möhren oder Paprika mit.

Wochenplan für Berufstätige

Hier finden Sie eine Auswahl an Gerichten und Snacks, die Sie gut zum Arbeitsplatz mitnehmen können. Alle Angaben sind, wenn nicht anders vermerkt, für eine Person gedacht.

	Frühstück	Snack
ERSTER TAG	Obstfrühstück ♦ *Eiweiß* S. 176	125 g Joghurt ♦ *neutral*
ZWEITER TAG	1 Honigbrötchen ♦ *Kohlenhydrate* S. 176	1 Stück frisches Obst ♦ *Eiweiß*
DRITTER TAG	Rosinen-Buttermilch-Müsli ♦ *Kohlenhydrate* S. 176	½ Avocado, *Paprika* dazu 150 g Hüttenkäse ♦ *neutral*
VIERTER TAG	Käsebrot mit Radieschen ♦ *Kohlenhydrate* S. 176	1 Stück frisches Obst ♦ *Eiweiß*
FÜNFTER TAG	1 säuerlicher Apfel ♦ *Eiweiß* dazu 150 g Hüttenkäse ♦ *neutral*	1 Glas frischer Orangensaft, 200 ml ♦ *Eiweiß*
SECHSTER TAG	150 g Joghurt ♦ *neutral* mit 150 g Beerenobst gemischt ♦ *Eiweiß*	1 Paprika mit 40 g Rindersalami ♦ *neutral*
SIEBTER TAG	Spiegeleier ♦ *Eiweiß* S. 177	200 g Obst der Saison aus der Eiweißgruppe ♦ *Eiweiß*

Mittag	Snack	Abend
1 Lachsbrötchen ♦ *Kohlenhydrate*, S. 177 dazu 1 kleine Salatgurke, in Scheiben geschnitten, ♦ *neutral*	1 Banane ♦ *Kohlenhydrate*	*Scharfer Bohneneintopf mit Hackfleisch** ♦ *Eiweiß*, S. 115
Restlicher Bohneneintopf mit Hackfleisch ♦ *Eiweiß*	250 ml Kefir ♦ *neutral*	*Spanischer Nudelsalat** ♦ *Kohlenhydrate* S. 76
Restlicher Spanischer Nudelsalat ♦ *Kohlenhydrate*	Sauerkraut-Snack ♦ *Eiweiß* S. 178	*Gyros-Frikadellen mit Kohlrabigemüse** ♦ *Eiweiß* S. 108
Restliche Gyros-Frikadellen mit Kohlrabigemüse ♦ *Eiweiß*	2 Möhren ♦ *neutral*	*Omas Kartoffelsalat mit Lachs** ♦ *Kohlenhydrate* S. 88
Restlicher Kartoffelsalat mit Lachs ♦ *Kohlenhydrate*	1 Fleischtomate mit 100 g Mozzarella und Basilikum ♦ *neutral*	*Erbsen-Lauch-Eintopf mit Würstchen** ♦ *Eiweiß*, S. 72
Restlicher Erbsen-Lauch-Eintopf mit Würstchen ♦ *Eiweiß*	*Vanillepudding mit Heidelbeeren** ♦ *Kohlenhydrate*, S. 149	Frischkäsebrot mit Forellenstreifen, ♦ *Kohlenhydrate*, S. 177 dazu 1 kleine Salatgurke, in Scheiben geschnitten, ♦ *neutral*
*Putengeschnetzeltes mit Blumenkohl** ♦ *Eiweiß* S. 109	Restlicher Vanillepudding mit Heidelbeeren ♦ *Kohlenhydrate*	*Italienischer Mischsalat mit Oliven, ♦ *neutral*, S. 56 dazu 1 Vollkornbrötchen ♦ *Kohlenhydrate*

*Für 2 Portionen   **2. Portion für den nächsten Tag kühl aufbewahren

33

Mehr Power durch sportliche Aktivitäten

Unser Körper muss Tag für Tag einiges verkraften. Falsche Ernährung, geringe Sauerstoffzufuhr, unzureichende Bewegung sowie Stress und Hektik belasten den Organismus ebenso wie Alkohol oder Nikotin. Doch um gesund und leistungsfähig zu bleiben, will der Körper gepflegt und gut behandelt werden.

Zu einem gesunden Lebensstil gehört natürlich auch ausreichend körperliche Bewegung. Wenn Sie zu den Bewegungsmuffeln gehören und die Meinung vertreten, Sport sei nur etwas für Profis und nichts für Sie, möchte ich Sie gerne vom Gegenteil überzeugen. Es gibt, außer der reinen Lust an der Bewegung, viele Gründe, warum regelmäßige Bewegung so wichtig für unsere Gesundheit und unser Wohlbefinden ist.

Warum regelmäßiges Training so guttut

Bewegung lädt die körpereigenen Batterien wieder auf und verhilft dem Organismus zu neuen Energien. Regelmäßige sportliche Aktivitäten verbessern die Durchblutung und sorgen für eine bessere Sauerstoffversorgung.
Dadurch stabilisiert sich die Leistung des Herzens und des Blutkreislaufs, was sich durch mehr Vitalität und Ausdauer bemerkbar macht.

Körpertraining stimuliert auch die Produktion und Ausschüttung von Hormonen, beugt darüber hinaus der Osteoporose (Knochenentkalkung) vor und stärkt unser Immunsystem, d. h. wir sind weniger anfällig für Infekte. Auch Stoffwechsel-

endprodukte werden, wenn Sie sich viel bewegen, leichter über das Lymphsystem aus dem Organismus herausgeschleust.

Um den Körper mit Energie zu versorgen, sollten Sie sich also möglichst viel bewegen. Dabei spielt es keine große Rolle, für welche Sportart Sie sich entscheiden. Sie können regelmäßige Spaziergänge unternehmen, wandern, laufen, schwimmen, Rad fahren, Ski fahren oder joggen – wichtig ist nur, dass das Training Ihnen Spaß macht und Sie über einen längeren Zeitraum motiviert.

Menschen, die regelmäßig Sport treiben, verfügen nicht nur über eine bessere körperliche Kondition, sondern auch über ein besseres und längeres Konzentrationsvermögen als jene, die den ganzen Tag am Schreibtisch arbeiten oder sich aus Alters- bzw. Krankheitsgründen nicht mehr richtig bewegen können.

Verändern Sie kleine Gewohnheiten im Alltag: Gehen Sie täglich eine Runde spazieren. Steigen Sie Treppen, statt mit dem Lift zu fahren. Lassen Sie bei kurzen Entfernungen das Auto stehen und fahren Sie mit dem Fahrrad oder gehen Sie zu Fuß. Gehen Sie in der Mittagspause einfach mal schwimmen (sofern ein Schwimmbad in Ihrer Nähe ist).

Bewegung macht glücklich!

Dass Sport sich positiv auf die Stimmung auswirkt, wissen Sie sicher aus eigener Erfahrung. Dies verdanken wir den Endorphinen, den so genannten »Glückshormonen«, die während des Sports ausgeschüttet werden. Sie sorgen für gute Laune und Zufriedenheit. Wer Spaß an der

Bewegung hat, profitiert auf lange Sicht davon. Schon mäßiges Training macht fit und leistungsfähig. Mit der Zeit reagiert der Körper mit mehr Selbstsicherheit, wobei auch seelische Verkrampfungen sich lösen können.

Verschiedene Sport-, Bewegungs- oder Tanzarten werden auch zu Therapiezwecken eingesetzt. Yogaübungen beispielsweise helfen durch die Kombination aus Körper- und Atemübungen, Stress abzubauen, zu entspannen und die innere Harmonie von Seele und Körper wiederherzustellen.

Ein anderes Beispiel: Der Flamencotanz aus Spanien gilt im Therapiebereich als idealer Konfliktlöser. Durch das Stampfen mit den Absätzen in den Boden, genannt »Zapateado«, vibriert der gesamte Körper und lädt ihn mit positiven Energien auf. Gleichzeitig verschwinden Anspannungen, und die Stimmung hellt sich auf. Eine alte Zigeunerweisheit sagt: »Ich weine nicht, ich tanze Flamenco.«

Fit im Alltag – kleine Übungen für zwischendurch

Beauty-Trick für einen flachen Bauch

▶ Falten Sie die Hände vor den Bauch und ziehen Sie ihn mit den Armen fest nach hinten. Gleichzeitig strecken Sie Ihren Bauch so weit wie möglich heraus. Anschließend die Bauchmuskulatur lockern und zehnmal wiederholen. Diese Übung stärkt die Bauchmuskulatur und beugt so einem »Bäuchlein« vor.

Diese kleine Gymnastikübung kann bequem im Sitzen, aber auch im Stehen ausgeführt werden.

Kleine Übung im Sitzen

▶ Ob im Büro oder zu Hause, diese einfache Übung bringt Sie mächtig in Schwung: Setzen Sie sich locker auf einen Stuhl und halten Sie sich links und rechts seitlich an der Sitzfläche fest. Nun beide Beine bis zur Sitzhöhe anheben und langsam »Rad fahren«. Je nach Ausdauer 20- bis 30-mal. Dabei die gleichmäßige Atmung nicht vergessen. Anschließend aufstehen und die Beine locker ausschütteln.

Ein bisschen Gymnastik vor dem Fernseher …

▶ Legen Sie sich auf den Boden, die Unterschenkel liegen im rechten Winkel auf einem Stuhl. Heben Sie in dieser Position das Becken langsam an und senken Sie es dann wieder, ohne dass das Becken den Boden berührt. Drücken Sie gleichzeitig Ihren Rücken fest an den Boden. Die Übung 10-mal wiederholen, dann entspannen.

▶ Setzen Sie sich auf den Boden und winkeln Sie die Beine an. Fassen Sie links und rechts in Ihre Kniekehlen, machen Sie den Rücken rund und lassen Sie sich langsam nach hinten rollen. Schwingen Sie auf und ab. Diese Übung durchblutet die Rückenmuskulatur und regt den Strom der Nerven im Rückenmark an.

Easy Gym

▶ Halten Sie sich mit kleinen unauffälligen Muskelübungen fit. Beim Zähneputzen, in der Warteschlange, auf dem Bürostuhl – überall gibt es Gelegenheiten, Ihre Muskeln an Po, Oberschenkeln und Bauch zu trainieren. Spannen Sie diese Muskeln ganz fest an, halten Sie zehn Sekunden und lockern Sie sie wieder.

Wussten Sie, dass ...?

... Trennkost, streng genommen, gar keine Diät, sondern eine Ernährungsumstellung ist?

Bei einer Diät handelt es sich immer um eine fett- und kalorienreduzierte Schon- oder Krankenkost. Bei einer Ernährung mit Trennkost werden zwar auch die Verdauungsorgane geschont, doch steht in diesem Fall, im Gegensatz zur Krankenkost, eine große Nahrungsmittelauswahl zur Verfügung. Lediglich die Zusammenstellung der Speisen ist eine andere.
Am Ende des Tages hat ein Trennköstler ähnliche Nahrungsmittel gegessen wie ein Mischköstler – nur eben in anderer Zusammensetzung. Darum können Sie diese Form der Ernährung ein ganzes Leben beibehalten, ohne Mangelerscheinungen befürchten zu müssen.

... sich Kinder von Natur aus nach den Regeln der Trennkost ernähren?

Kleinkinder, die noch nicht den Verführungen der Nahrungsmittelindustrie ausgesetzt sind, mögen von Natur aus keine gemischten Speisen. Sie essen gerne ein Stück trockenes Brot ohne Belag oder nur die Scheibe Wurst direkt aus der Hand. Auch Kartoffeln mit Fleisch zählen nicht zu den Lieblingsspeisen der Kinder.
Essgewohnheiten werden vom sozialen Umfeld vorgelebt und übernommen und verdammen so manches Kind zu lebenslangem Übergewicht.

... stärkehaltige Nahrungsmittel wie Brot, Müsli, Kartoffeln oder Reis sich nicht mit fruchtsäurehaltigem Obst wie Zitrusfrüchten, Beeren-, Stein- und Kernobst vertragen?

Stärke und Säure vertragen sich nicht. Das säurehaltige Obst stoppt schon bei der Einspeichelung im Mund die basische Vorverdauung der stärkehaltigen Nahrungsmittel. Im Dünndarm fermentiert die nicht umgewandelte Stärke und fängt an zu gären. Dadurch entstehen Gase, die den Bauch wie einen Ballon aufblähen können und auf Herz und Lunge drücken.

... Tomaten aus der Dose erheblich gesünder sind als Wintertomaten aus dem Treibhaus?

Dosentomaten werden in der Hauptsaison vollreif verarbeitet. Deshalb enthalten sie erheblich mehr Anteile des gesunden roten Farbstoffs Lycopin als Wintertomaten. Lycopin gehört zur Gruppe der Carotinoide und ist bei den Ernährungswissenschaftlern bekannt für seine zellschützende Wirkung.
Auch Mineralstoffe wie Magnesium, Kalium und Calcium sind in Dosentomaten noch reichlich erhalten, doch das Vitamin C und die B-Vitamine bleiben beim Konservieren leider auf der Strecke.

... man Blüten nicht nur für Dekorationen verwenden, sondern auch essen kann?

Schon vor mehr als tausend Jahren wurden Lilien und Chrysanthemen in der asiatischen Küche verwendet. Sogar die Römer verarbeiteten Veilchen, Rosen, Nelken und Malven in ihren Speisen und schätzten diese Blüten wegen ihrer Farbe und ihres Dufts.
Auch in der heutigen Küche lassen sich Blüten vielseitig einsetzen. Die lilafarbenen Schnittlauchblüten passen beispielsweise hervorragend zu Rühreiern oder die orangefarbenen Blütenblättchen der Ringelblumen zum grünen Salat. Gemischt mit gehackter Petersilie, verleihen sie dem Salat ein ganz neues Aroma.

… die Ernährung der Inuit aus fast 40 Prozent Fett besteht, diese trotzdem in der Regel eher selten übergewichtig sind und auch mit erhöhten Cholesterinwerten nicht zu kämpfen haben?

Der Grund hierfür liegt in dem hohen Anteil an Omega-3-Fettsäuren, die die Inuit dank ihrer fischreichen Ernährung zu sich nehmen.
Hinzu kommt, dass Salzwasserfische wertvolles Jod liefern, das so wichtig für eine gesunde Funktion der Schilddrüse ist und damit auch das Körpergewicht beeinflusst.

… cholesterinfreie Nahrungsmittel, die gesättigte und gehärtete Fette enthalten, trotzdem den Cholesterinwert im Blut ansteigen lassen?

Gesättigte und gehärtete Fette verwandeln sich im Körper zu den gefährlichen Trans-Fettsäuren. Diese sind maßgeblich an Herzerkrankungen und Schlaganfällen beteiligt, da sie die Blutspiegel des schädlichen LDL-Cholesterins ansteigen lassen. Gesättigte und gehärtete Fette werden in billigen Margarinen, Plattenfetten, Frittieröl, raffinierten Ölen, Fertigprodukten, Kuchen, Keksen und anderen Süßigkeiten verarbeitet.

… aus 200 Millilitern Sahne etwa 100 Gramm Butter und ebenso viel Buttermilch entstehen?

Beim Schlagen der Sahne entsteht aus der einen Hälfte Butter und aus der restlichen Hälfte Buttermilch. Dies bedeutet, dass Sie mit 100 Gramm geschlagener Sahne auf Kuchen oder Eis gleichzeitig 50 Gramm Butter verzehren.
Doch Butter ist ein Stück Natur. Sie ist leicht verdaulich, gut verträglich, enthält einfach und mehrfach ungesättigte Fettsäuren und ist eine der besten Quellen für fettlösliche Vitamine. Aus diesem Grund sollte sie nicht verteufelt werden.

Entscheidend ist die Menge des täglichen Verbrauchs: Der Gesamtfettanteil in der täglichen Nahrung sollte nicht höher als 70 bis 80 Gramm sein.

… Mephisto schon in Goethes »Faust« die Trennkost empfahl?

Faust bittet Mephisto im ersten Teil des »Faust« um ein Gesundheits- und Verjüngungsmittel, worauf Mephisto ihm antwortet:
»Ein Mittel, ohne Geld und Arzt und Zauberei zu haben; begib dich gleich hinaus aufs Feld, fang an zu hacken und zu graben, ernähre dich mit ungemischter Speise … Das ist das beste Mittel, glaub, auf achtzig Jahr' dich zu verjüngen!«
Faust antwortet: »Das enge Leben steht mir gar nicht an.«

… der Begründer der Trennkost, Dr. Howard Hay, der von ihm entwickelten Ernährungsumstellung sein Leben verdankte?

Die ganze Geschichte nahm ihren Anfang in Amerika zu Beginn des 20. Jahrhunderts, als Howard Hay an einer schweren Nierenerkrankung litt. Nachdem die Kollegen ihn bereits aufgegeben hatten, gelang es Dr. Hay, sich durch eine konsequente Ernährungsumstellung selbst zu heilen.
Seine persönlichen Erkenntnisse hielt er daraufhin in einem Buch fest, das 1939 durch Zufall in die Hände des deutschen Arztes Dr. Ludwig Walb gelangte. Dieser erkannte sehr schnell die Vorzüge der im Buch beschriebenen Ernährungsweise und verbreitete sie unter dem Namen Trennkost.

Kombiplan

Überwiegend eiweißhaltige Gruppe

Eiweißhaltige Speisen nur mit den Kombis verbinden (blau + grün)!

Gegarte Fleischsorten aller Art

Bratenfleisch | Gulasch
Rinderhackfleisch | Rouladen
Schnitzel | Steaks | Kalb | Lamm
Geflügel | Gans | Ente
Wild | Fleischfond

► Schweinefleisch bitte meiden.

Gegarte Fischsorten

Brasse | Flunder
Forelle | Heilbutt
Hering | Kabeljau
Krebs | Lachs
Langusten | Rotbarsch
Scholle | Seelachs
Seeteufel | Steckmuscheln
Thunfisch | Tintenfisch, unpaniert
Fischfond

Eier aller Art

Eier, gekocht und pochiert
Omelett | Rührei | Spiegeleier

Milch

Alle Trinkmilchsorten, egal welche Fettstufe

Käse

Alle erhitzten Käsesorten wie z. B.
Allgäuer Bergkäse | Bel Paese
Biarom | Bierkäse | Blue Stilton
Bonbel | Burlander | Butterkäse
Cantadou | Cantal
Cheddar | Chester | Chorherrenkäse

Danbo | Donautaler | Edamer
Esrom | Fol Epi | Fontal
Gorgonzola | Gouda | Grünländer
Harvarti | Höhlenkäse | Illertaler
Jausenkäse | Maasdamer | Mondseer
Moosbacher | Münsterkäse
Old Amsterdam | Original Sennkäse
Paladin | Pecorino
Pikantje von Gouda | Rottaler
Salzburger Bauernkäse | Steppenkäse
Tilsiter | Trappistenkäse

Getränke

Obstsäfte
Apfelwein
Weiß-, Rot- und Roséwein, herb
Sekt, trocken

Obstsorten

Äpfel, frisch | Aprikosen
Birnen | Brombeeren
Erdbeeren | Himbeeren
Johannisbeeren | Kirschen
Mirabellen | Nektarinen
Pfirsiche | Pflaumen
Quitten | Reineclauden
Rhabarber | Sauerkirschen
Stachelbeeren | Weintrauben

Zitrusfrüchte und exotische Obstsorten

Ananas | Granatäpfel | Grapefruits
Kakis | Kiwis | Kumquats
Limetten | Litschis | Mandarinen
Mango | Orangen
Papayas | Passionsfrüchte | Zitronen

Sonstiges

Tomaten, gekocht
Essig
Balsamico-Essig und Himbeeressig

Überwiegend kohlenhydrathaltige Gruppe

Kohlenhydrathaltige Speisen nur mit den Kombis verbinden (orange + grün)!

Vollkorngetreide

Amaranth | Buchweizen
Bulgur | Dinkel
Gerste | Grünkern
Hafer | Hirse
Quinoa | Roggen
Weizen | Getreideflocken

Vollkornerzeugnisse

Vollkornbrot
Vollkornbrötchen
Kuchen und Gebäck aus Vollkornmehl
Vollkornnudeln
Vollkornnudeln
Hartweizennudeln ohne Ei
Naturreis
Parboiled Reis

Obst

Äpfel, abgelagert | Bananen
Datteln, frisch
Feigen, frisch
Trockenobst, ungeschwefelt

Süßungsmittel

Agavendicksaft | Ahornsirup
Birnen- und Apfeldicksaft
Fruchtzucker | Frutilose | Honig
▶ Diese Süßungsmittel dürfen alle in kleinen Mengen auch zum Abschmecken von Eiweißgerichten verwendet werden.

Sonstiges

Bier | Kartoffelstärke
Pilze, getrocknet
Tomaten, getrocknet

Neutrale Gruppe (Kombis)

Die Neutralen sind in 2 Gruppen unterteilt – nach säurebildender und basenbildender Kost
Teil 1 nicht zu üppig verwenden

Neutrale Gruppe Teil 1

Fette

Öle, kaltgepresst
Butter
Margarine und Plattenfette, ungehärtet

Gesäuerte Milchprodukte

Buttermilch | Crème fraîche | Dickmilch
Joghurt | Kaffeesahne | Kefir | Quark
Sahne, sauer | Sahne, süß

Sojaprodukte

Sojacreme | Soja Cuisine | Sojafleisch | Tofu

NEU: Tofu, Soja und Sojamilch zählten bisher zu der Eiweißgruppe, aber nach den neuesten Erkenntnissen gehören sie in die Gruppe der Neutralen. Der Grund: Durch die Gerinnung haben sie bereits ihre erste Verstoffwechselung hinter sich und stören somit nicht den Verdauungsablauf.

Käse

Alle Käsesorten aus naturbelassener, roher Milch sind durch Milchsäurebakterien gesäuert, damit leichter verdaulich und zählen so zu den Neutralen.
Bei pasteurisierten Käsesorten fehlt oftmals die natürliche Säuerung, dadurch sind diese etwas schwerer verdaulich und zählen zur Eiweißgruppe.

Hartkäse: Beaufort | Caciocavallo | Comté
Fiore Sardo | Grana Padano | Greyerzer

Grüntener | Idiazábal | Jurassic | Kefalotiri
Manchego | Montasio | Original Parmesan
Provolone | Sbrinz Switzerland | Urtaler
▶ Diese Sorten eignen sich frisch gerieben gut zu
  Nudelgerichten.

Schnittkäse: Allgäuer Emmentaler | Appenzeller
Asiago Pressato | Fontina | Halloumi | Majorero
Morbier | Pyrenäenkäse | Schweizer Raclette
Rahmgouda | Reblochon de Savoie | Salers
Thurgauer | Tomme De Savoie | Wörishofener
▶ Diese Sorten eignen sich gut als Brotbelag und
  zum Überbacken.

Weichkäse: Amalthée | Banon Chèvre
Brie De Meaux | Brocciu | Cabrales | Camembert
Chaource | Coulommiers | Epoisses | Feta
Fromage Hansi | Liptauer | Mont d'Or
Munster-Gérômé | Pouligny Saint-Pierre
Roquefort | Saint Albray | Ziegenmünster
▶ Diese Sorten eignen sich gut als Brotbelag.

Sauermilch- und Frischkäse: Bresso
(jede Fettstufe) | Frischkäse, | Handkäse
Harzer Roller | Hüttenkäse | Korbkäse | Mainzer
Mascarpone | Mozzarella | Olmützer Quargel
Picandou Fermier | Ricotta | Robiola Osella
Schafskäse | Tiroler Graukäse | Ziegenkäse
▶ Diese Sorten eignen sich gut als Brotbelag, teils
  zu Pellkartoffeln, teils auch zum Überbacken.

Rohe luftgetrocknete oder roh geräucherte Wurstwaren

Bündner Fleisch | Debrecziner | Salami
Lachsschinken | Schinken | roh

Rohes Fleisch

Tatar
▶ Rohes Fleisch nur ganz frisch verwenden und
  nicht zu häufig verzehren

Rohe, marinierte Fische

Bismarckhering | Lachs, gebeizt
Matjeshering | Sardellen

Geräucherte Fische

Aal | Bückling | Forelle | Heilbutt
Lachs | Makrele | Schillerlocken

Nüsse und Samen

Haselnüsse | Kokosnuss | Leinsamen | Mandeln
Mohn | Sesam | Sonnenblumenkerne | Walnüsse
▶ Erdnüsse bitte meiden, sie sind schwer verdaulich.

Essig und Essigersatz

Vergorenes Molkekonzentrat (Molkosan)
Obstessig | Brottrunk

NEU: Feigen-Balsamico und sehr alte Balsamico-Essige

Feigen-Balsamico oder sehr alte Balsamico-
Essige haben aufgrund ihrer langen Lagerung
ihre übermäßige Säure verloren und zeigen
nun eine basische Reaktion. Darum können
sie, ebenso wie Obstessig, gut zusammen mit
Kohlenhydraten genossen werden.

Klare hochprozentige Spirituosen[3]

Korn | Wacholder | Obstbrand, klar

Sonstiges:

Hefe | Kokosmilch, frisch | Gemüsebrühe
Rosinen | Oliven

Neutrale Gruppe Teil 2

Teil 2 der Neutralen kann ohne Mengenbegren-
zung verzehrt werden.

Gemüsesorten

Auberginen | Artischocken | Avocados | Brokkoli

Blumenkohl | Bohnen, grün | Chicorée
Chinakohl | Erbsen, grün | Fenchel | Grünkohl
Gurken | Knoblauch | Knollensellerie | Kohlrabi
Kürbis | Lauch | Mais, frisch | Mangold
Melonen | Möhren | Okra | Palmherzen
Paprikaschoten | Peperoni | Radieschen | Rettich
rote Bete, | Rosenkohl | Rotkohl | Sauerkraut
Schwarzwurzel | Spargel | Spinat | Spitzkohl
Staudensellerie | Tomaten, roh | Topinambur
Weißkohl | Wirsing | Zucchini | Zwiebeln

Blattsalate

Bataviasalat | Eichblattsalat | Eisbergsalat
Endiviensalat | Feldsalat | Friséesalat | Kopfsalat
Lollo biondo | Lollo rosso | Radicchio
Rauke/Rucola | Römischer Salat

Pilze

Austernpilze | Champignons | Egerlinge
Morcheln | Pfifferlinge | Shiitake-Pilze
Steinpilze oder andere Waldpilze | Trüffel

Sprossen und Keime

Alfalfasprossen | Mungobohnensprossen
Radieschensprossen oder andere Keimlinge

Geliermittel

Agar-Agar (eine pulverisierte Meeresalge)
Biobin (pflanzliches Bindemittel aus Johannis-
brotkernmehl, erhältlich in Reformhäusern)
Gelatine (tierisches Produkt)

Sonstiges

Eigelb | Gewürze (Meerrettich, Pfeffer, Senf,
Zitrusschalen), Kräuter, Kräutertees, Malzkaffee,
Naturmolke, Heidelbeeren, Stevia

**Diese Nahrungsmittel sollten Sie möglichst
meiden**

▶ Fertiggerichte und Konserven[1]

▶ Weißes Mehl und die daraus hergestellten Pro-
dukte, z.B. süße und pikante Backwaren
▶ Helle Nudeln[2] und polierter Reis
▶ Zucker, Süßstoffe und daraus hergestellte
Produkte, z.B. Süßwaren, Marmeladen und
Gelees
▶ Schweinefleisch, Wurst und Schinken vom
Schwein
▶ Gehärtete Fette, z.B. normale Margarine, feste,
weiße Frittier- und Bratfette (Plattenfette)
▶ Bohnenkaffee, schwarzer Tee und Kakao in
großen Mengen
▶ Hochprozentige Spirituosen[3]

Tipp: Kleine Abweichungen sind erlaubt:

[1] So sind z.B. Tomaten aus der Dose erheblich
gesünder als Wintertomaten aus dem Treibhaus.
Dosentomaten werden in der Hauptsaison vollreif verarbeitet. Dadurch enthalten sie erheblich
mehr vom gesunden roten Farbstoff Lycopin.
Dieser Stoff gehört zur Gruppe der Carotinoide
und ist bekannt für seine zellschützende Wirkung. Frische Tomaten enthalten 5,8 mg Lycopin
pro 100 g; Konserven satte 14 mg/100 g. In
konzentriertem Tomatenmark stecken sogar
42 mg auf 100 g.
Auch Mineralstoffe wie Magnesium, Kalium und
Kalzium sind in Dosentomaten noch erhalten,
doch das Vitamin C und die B-Vitamine bleiben
beim Konservieren leider auf der Strecke.
[2] Vollkornnudeln sind nicht jedermanns
Geschmack. Die Alternative dazu: Hartweizennudeln ohne Ei.
[3] Bei besonderen Gelegenheiten oder festlichen
Anlässen kann man zu Eiweißmahlzeiten ein
Glas trockenen Wein, zu Kohlenhydratmahlzei-
ten ein Glas Bier trinken. Auch ist in Ausnahme-
fällen gegen einen kleinen Schnaps nichts einzuwenden.

Mengenplan

Mithilfe dieses Plans brauchen Sie keine Kalorien oder Fette mehr zu zählen. Hier sehen Sie, welche Mengen für die Kategorien Frühstück, Hauptgericht oder Snack für eine Person angemessen sind. Einfach und schnell, ohne sich kasteien zu müssen, erreichen Sie mit diesem Plan Ihr Wohlfühlgewicht.

Frühstück

Sie haben die Wahl zwischen einem Obstfrühstück, einem eiweißreichen und einem kohlenhydratreichen Frühstück.

Obst-Frühstück
Frisches Obst der Saison in beliebiger Menge. Beispiele: Ananas, Erdbeeren, Himbeeren, Brombeeren, Äpfel, Birnen, Pfirsiche, Aprikosen, Kiwi, Kirschen, Mirabellen, Nektarinen (siehe Kombiplan)
Hinweis: Mischen Sie fruchtsäurehaltige Obstsorten nicht mit Bananen, Feigen oder Datteln.

Eiweißreiches Frühstück
2 Eier in jeder Form und Zubereitungsart: gefüllte oder gekochte Eier, Omelette, pochierte Eier, Rühr- oder Spiegeleier
Dazu in beliebiger Menge: Tomaten, Gurken, Paprikaschoten, Radieschen oder ein anderes Gemüse, aber kein Brot

In den Rezeptteilen des Buches finden Sie zahlreiche Ideen für Frühstücksvariationen, Snacks und Hauptgerichte.

Kohlenhydratreiches Frühstück
1 Scheibe Vollkornbrot (50 g) oder 1 Vollkornbrötchen oder 3 Scheiben Vollkornknäckebrot; diese dünn mit Butter bestreichen und mit Folgendem belegen bzw. bestreichen:
30 g Wurst (ca. 3 dünne Scheiben) oder
30 g Käse (ca. 1 Scheibe) oder
50 g Quark (ca. 2 EL)
Dazu in beliebiger Menge: Tomaten, Gurken, Paprikaschoten, Radieschen oder ein anderes Gemüse
Hinweis: Da es keine hundertprozentige Trennung der Nahrungsmittel gibt, können Sie das Brot mit 30 g Wurst oder Käse nach Wahl belegen. Weitere Ideen für Brotbelag siehe Kombiplan oder Rezeptteil.

1 Müsli (siehe Rezeptteil)
Hinweis: Getreideflocken oder Müslis nicht mit fruchtsäurehaltigen Obstsorten kombinieren. Auch keine Milch verwenden, da diese in Verbindung mit Kohlenhydraten noch schwerer verdaulich wird. Harmonischer werden Müslis mit kohlenhydratreichen Obstsorten und mit gesäuerten Milchprodukten oder Sahne-Wasser-Gemisch ($1/3$ Sahne auf $2/3$ Wasser) oder Reismilch.
Wenn Sie auf Ihren Kaffee oder schwarzen Tee nicht verzichten möchten, verfeinern Sie diesen mit etwas Sahne. Zum Süßen bietet sich Stevia flüssig (siehe Seite 145) an.
Wichtig: Kauen Sie jeden Bissen sorgfältig. Kaffee oder Tee ist kein Speichelersatz.

Snacks

- ▶ 200 g frisches Obst der Saison
- ▶ Rohkost in beliebiger Menge
- ▶ 100 g Obst, dazu $1/8$ l Milch
- ▶ 200 g angesäuerte Milchprodukte wie z. B. Kefir, Buttermilch, Trinksauermilch, Joghurt

Mittagessen und Abendessen (Hauptgericht)

Sie haben jeweils die Wahl zwischen einer überwiegend eiweiß- oder kohlenhydratreichen Mahlzeit.

Eiweißreiches Hauptgericht
- ▶ 150–200 g Fleisch oder
- ▶ 150–200 g Fisch oder
- ▶ 2 Eier oder 60 g Käse oder
- ▶ 100 g gegarte Wurstsorten

Essen Sie dazu 400 g Gemüse oder Salat.

Kohlenhydratreiches Hauptgericht
- ▶ 50 g Getreide (roh gewogen) oder
- ▶ 60 g Naturreis (roh gewogen) oder
- ▶ 80 g Vollkornnudeln (roh gewogen) oder
- ▶ 200 g Kartoffeln

Essen Sie dazu 400 g Gemüse oder Salat.

Bedienen Sie sich zusätzlich des großen Kombi-Plans (Seite 38 bis 41). Wählen Sie aus der Kombi-Gruppe Teil 1 (sparsam) und aus der Kombi-Gruppe Teil 2 (reichlich) aus, was Sie mögen.

Hinweis: Bei der Zusammenstellung der Hauptmahlzeiten gelten folgende Faustregeln:
* Bei einer Eiweißmahlzeit wählen Sie 1 Teil Fleisch, Fisch, Käse oder Eier, dazu 3 bis 4 Teile Gemüse oder Salate.
* Bei einer Kohlenhydratmahlzeit wählen Sie 1 Teil Kartoffeln, Naturreis, Getreide oder Nudeln, dazu 3 bis 4 Teile Gemüse oder Salate.

■ Frisches Obst der Saison ist ideal als Frühstück oder auch als schneller und gesunder Energielieferant zwischendurch.

Abnehmen – leicht gemacht mit Trennkost

Wenn die Waage in die falsche Richtung zeigt, sollten Sie nicht gleich anfangen zu hungern. Vernünftiger ist es, dem Körper zu geben, was er braucht. Für einen schnellen Überblick steht Ihnen hier der 7-Tage-Power-Plan hilfreich zur Seite. Doch das Geheimnis des Abnehmens liegt nicht alleine im Essen ...

Übergewicht – eine Wissenschaft für sich

»Übergewichtig zu sein ist unschön und ein Zeichen von Willensschwäche. Erst wenn ich schlank bin, bin ich attraktiv und werde akzeptiert.« Wenn Sie diese Einstellung vertreten, werden Sie wahrscheinlich von einer Diätfalle in die andere tappen. Der erste Schritt zum Abnehmen ist, sich nicht ununterbrochen wegen des Übergewichts Vorwürfe zu machen!

Mit der oben geschilderten negativen Denkweise signalisieren Sie Ihrem Unterbewusstsein ununterbrochen ein negatives Selbstbild, und dieses wirkt sich auf Ihr gesamtes Leben aus. Nichts in unserem Körper geschieht, ohne von unserem Unterbewusstsein gesteuert zu werden. Auch das Übergewicht haben wir durch gewisse Umstände selbst »gezüchtet« und unbewusst zugelassen.

Jeder, der seinem Gewicht schon einmal den Kampf ansagte, hat seine eigene, persönliche »Abnehmgeschichte« und dabei teilweise gegen Windmühlenflügel gekämpft. Die meisten waren überzeugt, nur Essen und zu wenig Bewegung machten dick, und haben aus Unwissenheit alle anderen Faktoren außer Acht gelassen. Heute weiß man, dass Übergewicht auch von den Genen, von Hormonen und besonders von täglichen Stresssituationen mit hervorgerufen wird.

Und Stress gibt es reichlich. Er beginnt oft schon in frühester Jugend, wenn Nahrung als Erziehungsmittel eingesetzt wird. Kinder lernen früh, Essen mit guten oder schlechten Gefühlen in Zusammenhang zu bringen. Süßigkeiten werden als Belohnung, Entzug wird als Strafe eingesetzt.

Auch Eltern, die Angst haben, dass ihr Kind langsam immer übergewichtiger wird, und ihren Sprössling daher mit Bemerkungen wie »Iss nicht so viel« oder »Du bist der Dickste in deiner Klasse« zurechtweisen, müssen sich den Vorwurf gefallen lassen, für eventuelle Essstörungen bei ihrem Kind mit verantwortlich zu sein. Auf diese unterschwellige Suggestion reagiert nämlich das Stammhirn besonders empfindlich und das Kind wird daraufhin umso mehr essen.

Die Verknüpfung angenehmer oder unangenehmer Gefühle mit dem Essen kann später einer der auslösenden Faktoren für Übergewicht sein.

Später, im Teenager- oder Erwachsenenalter, wartet schon der nächste Stressfaktor: Viele stellen einen viel zu hohen Anspruch an das eigene Äußere. Schlank und schön zu sein wie ein Fotomodell – das ist der Traum von vielen. Die Wirklichkeit ist jedoch anders – wer sieht schon aus wie die super gestylten Menschen in der Werbung? Wäre es da nicht viel sinnvoller, auf dem Boden der Tatsachen zu bleiben und sich von diesem Druck zu befreien?

Warum wir bei Stress zunehmen

Stress bedeutet nicht nur, dass man sich in bestimmten Situationen ärgert, aufregt, Angst hat oder sich erschreckt. Unter Stress leiden wir auch dann, wenn wir uns in einer länger andauernden unangenehmen Lage befinden oder der Lebensweg immer beschwerlicher wird.
Bei einem solchen körperlichen oder seelischen »Notstand« wird das Hormon Adrenalin, je nachdem, wie hoch die Erregung ist, in unter-

schiedlicher Menge und Geschwindigkeit in die Blutbahn ausgeschüttet und versetzt den gesamten Organismus in Alarmbereitschaft: Puls und Blutdruck werden sofort erhöht, Bronchien und Pupillen erweitern sich, die Blutgefäße verengen sich, so dass den Muskeln eine größere Blutmenge zur Verfügung steht. Schweißausbrüche und Zittern können ebenfalls Begleiterscheinungen sein. Zudem kommt es zu einer Freisetzung von Glukose und damit zu einer Erhöhung des Blutzuckers.

Der »Adrenalinstoß« setzt Bewegungsenergie frei

So ausgerüstet, ist der Körper in der Lage, schneller zu laufen, höher zu springen oder lauter zu rufen. Diese bereitgestellte Energie diente schon zu Urzeiten als Fluchthilfe und wird noch heute in Bewegungsenergie umgewandelt. Aber wer von uns rennt schon in stressigen Situationen einmal um den Häuserblock? Zu empfehlen wäre es, denn der erhöhte Blutzucker würde sich dann durch die Körperbewegungen in den Muskelzellen selbst verbrennen.

Doch in den meisten Fällen bleibt diese Bewegungsenergie ungenutzt, was zur Folge hat, dass der Blutzucker nicht abgebaut wird und dadurch andere Abläufe im Körper erheblich gestört werden.

Warum Stress zu Heißhunger führen kann

Nach einer gewissen Zeit wird dann die Bauchspeicheldrüse aktiv. Der erhöhte Blutzucker bewirkt eine Insulinausschüttung in das Blut und baut auf diese Weise den Zucker systematisch ab – was wiederum schwerwiegende Folgen hat. Das Insulin verwandelt nämlich diese entnommenen Zuckerstoffe in Fett, indem es die Bildung von Fettsäuren anregt. Gleichzeitig verursacht dieses Hormon eine Unterzuckerung mit anschließendem Heißhungerempfinden. Ein Teufelskreis beginnt.

Gegen diese Macht des Heißhungers ist kaum einer gewappnet. Für viele scheint jetzt eine erneute Energiezufuhr die einzig mögliche Rettung aus dieser misslichen Lage zu sein. Rohes Gemüse oder frisches Obst wären eigentlich optimal, doch die darin befindlichen Zuckerstoffe gelangen für den Betroffenen viel zu langsam ins Blut. Der Griff zu Süßigkeiten, Kuchen, Schokolade oder das erlösende Glas Wein bzw. Bier sind damit vorprogrammiert.

Auf diese Weise bauen sich ganz langsam die Fettzellen an Hüfte, Bauch und Po immer weiter auf. So kann Stress einer der Hauptgründe für Übergewicht sein.

Insulin – die Schlüsselsubstanz für Übergewicht

Doch nicht nur Stress hat entscheidenen Einfluss auf die Insulinproduktion, sondern in erster Linie die Ernährung. Einerseits sind es die Kohlenhydrate, die den Blutzucker erhöhen, andererseits aber auch ungünstig zusammengestellte Mahlzeiten. Bei den Kohlenhydraten ist es sehr wichtig zu unterscheiden, welche davon in sehr kurzer Zeit in Glukose umgewandelt werden und damit schnell ins Blut gelangen und welche davon eine längere Umwandlungszeit benötigen. Denn Kohlenhydrate sind nicht gleich Kohlenhydrate; es werden vielmehr zwei Sparten unterschieden:

In die erste Sparte gehören die natürlichen und ballaststoffreichen Kohlenhydrate, wie sie in Vollkorngetreide, Vollkornprodukten, Gemüse, Salat und Obst vorkommen.

In der zweiten Sparte sind jene Kohlenhydrate aufgelistet, die als »denaturiert« bezeichnet werden und in Weißbrot, Keksen, Pizzateig, Fertiggerichten, Saucen, Süßigkeiten, Limonaden und alkoholischen Getränken zu finden sind.

Beide Kohlenhydratgruppen werden zwar im Körper zu Glukose (Traubenzucker) um- und abgebaut und im Blut aufgenommen, jedoch mit unterschiedlichen Verdauungsgeschwindigkeiten.

Warum das so ist, liegt einmal an der natürlichen, noch unveränderten »Verpackung« der ballaststoffreichen Nahrung. Hier müssen die Zuckerstoffe erst von den Quell- und Faserstoffen getrennt werden, was verständlicherweise die Zuckeraufnahme im Blut verzögert.

Bei denaturierten Kohlenhydraten sind die Zuckerstoffe der Kohlenhydrate schon so stark aufgeschlossen, dass sie während des Verdauungsprozesses besonders schnell in Glukose umgewandelt werden, binnen kürzester Zeit ins Blut gelangen und somit eine Hypoglykämie (Überzuckerung) auslösen.

Die Berg- und Talfahrt des Blutzuckerspiegels

Typische Nahrungsmittel und Getränke, die den Blutzucker schnell erhöhen, sind: Brot/Brötchen oder Croissant mit Konfitüre, Cornflakes & Co., Müsli mit Zucker, mit Zucker gesüßter Kaffee oder Tee, Fruchtjoghurt mit Zucker, Fruchtgummi, Schokolade, Eis, Gebäck aus hellem Mehl, Kartoffelchips, Colagetränke, süße Limonaden und alkoholische Getränke.
Aber auch ungünstig zusammengestellte Mahlzeiten wie Nudeln mit Fleischsauce, Schnitzel mit Pommes frites, Knödel mit Gulasch oder ähnlich schwer verdauliche Mahlzeiten können den Blutzuckerspiegel ungünstig beeinflussen.

Der plötzliche starke Anstieg des Blutzuckerspiegels hat eine ebenso rasante Ausschüttung von Insulin zur Folge. Insulin bewirkt nun eine rasche Senkung des Blutzuckerspiegels, nimmt – vereinfacht gesagt – die Zuckerstoffe aus dem Blut, bildet daraus Fettsäuren und lagert diese dann in die Fettzellen ein. Die Konsequenz der raschen Blutzuckersenkung ist, dass Blut, Nerven und Gehirn nun unter einer Glukose-Unterversorgung leiden und unerbittlich das Signal »Hunger« gesendet wird.

Nicht mangelnde Selbstkontrolle oder -disziplin sind schuld an überflüssigen Fettpölsterchen, sondern die selbst herbeigeführte Berg- und Talfahrt des Blutzuckerspiegels.

Je mehr Insulin Ihre Bauchspeicheldrüse also produziert, umso stärker nehmen Sie zu. Aber ein niedriger Insulinspiegel ist nicht nur von Bedeutung, wenn Sie abnehmen möchten, sondern verhindert auch viele Erkrankungen, die in der Folge von Übergewicht entstehen können.

Wirkungsvolle Schritte zum Abnehmen

Wie bereits erwähnt, liegt der Schlüssel zum Abnehmen nicht nur in der ungünstigen Nahrungszusammenstellung. Ein Zusammenspiel von mehreren Faktoren hilft Ihnen, überflüssige Pfunde zu verlieren:

▶ Zunächst ist es wichtig, dass Sie sich von belastenden Zwängen befreien. Zu häufiges Wiegen z. B. verursacht Stress und baut unnötige Spannungen auf. Bauen Sie Stress ab, indem Sie nicht mehr täglich Ihr Gewicht überprüfen. Ihr Ziel sollte es sein, gut auszusehen und sich mit Ihrem Gewicht wohl zu fühlen – und nicht die Zahl, die auf der Waage steht!

▶ Im nächsten Schritt sollten Sie die Nahrungsmittel, die den Blutzuckerspiegel schnell in die Höhe treiben, nach und nach vom Speisezettel streichen. Bevorzugen Sie stattdessen ballaststoffreiche Lebensmittel, die die Zuckerstoffe verlangsamt in das Blut abgeben. Ein weiterer Vorteil ballaststoffreicher Kost sind die aufquellenden Faserstoffe, die das Magen- und Darmvolumen vergrößern und so eine angenehme Sättigung bewirken.

▶ Ein weiterer wichtiger Schritt ist die harmonische Zusammenstellung der täglichen Mahlzeiten. Mit einer cleveren Nahrungsmittelkombination nach den Regeln der Trennkost tricksen Sie Heißhungerattacken aus und entlasten zudem den Verdauungsapparat.

▶ Wenn Sie abnehmen möchten, sollten Fertiggerichte und Fast food für Sie tabu sein. Die darin befindlichen geschmacksverstärkenden Zusatzstoffe manipulieren den Speichelfluss der Speicheldrüsen und lassen uns das Wasser im Mund zusammenlaufen. Und wenn uns das Wasser im Mund zusammenläuft, müssen wir einfach immer weiteressen. So »futtern« viele Menschen wahllos Fast Food, ohne richtig satt zu werden.

▶ Einen guten Verbündeten bei der Gewichtsabnahme finden Sie in dem Mineralstoff »Kalium« (siehe Seite 21). Dieses natürliche Schlankheitsmittel reguliert den Wasserhaushalt im Körper, indem es für den osmotischen Druck in der Zelle verantwortlich ist. Kalium wirkt wie ein Katalysator, der überflüssiges Gewebswasser aus den Zellen absaugt und es über die Nieren abführt. Besonders reich an Kalium sind getrocknete Aprikosen, grünes Blattgemüse, Salate, Kohl und Rüben, Sauerkraut, Kartoffeln, Pilze, Bananen, Nüsse, Zitrusfrüchte, Stein-, Kern- und Beerenobst. Auch in Fisch und Fleisch sind Kaliumanteile enthalten.

▶ Der Erfolg beim Abnehmen ist auch von der Wassermenge abhängig, die Sie Ihrem Körper zuführen. Zwei bis drei Liter Flüssigkeit täglich wären ideal, wobei auch die Flüssigkeitsmengen von Suppen, Salaten, Gemüse, Rohkost und Obst mit einberechnet werden können.

▶ Verwechseln Sie niemals Hunger mit Durst. Beide Körpersignale sind ähnlich. Darum sollten Sie immer zuerst probeweise etwas trinken!

▶ Nehmen Sie sich Zeit zum Essen. Kauen Sie ordentlich jeden Bissen, bis Sie ausreichend Speichel produziert haben. Noch immer gilt die Regel: »Gut gekaut ist halb verdaut.« Während des Kauens keine Flüssigkeiten zufügen. Getränke sind kein Speichelersatz.

Sie haben sicherlich bemerkt, dass man nicht gleich mit dem Essen aufhören muss, um abzunehmen. Besser ist es, wenn Sie schlechte Angewohnheiten in bessere umwandeln. Sie werden erstaunt sein, was Sie alles durch kleine Veränderungen erreichen können!

Wohlfühlen durch Entgiften

Um den täglichen Ansprüchen gerecht zu werden, ist es sinnvoll, wenn Sie Ihrem eigenen Verdauungsapparat hin und wieder eine kleine Verschnaufpause gönnen. Ein oder zwei Entgiftungstage wirken dabei Wunder. Die Folge: Eine solche Kurzkur weckt neue Energien und macht Ihren Geist munter, wach und frisch. Gleichzeitig dienen solche Entgiftungstage der Vorbereitung auf die Ernährungsumstellung.

Doch überfordern Sie sich nicht mit allzu großer Strenge, sondern tun Sie nur das, was Ihnen wirklich guttut. Hören Sie Ihre Lieblingsmusik, machen Sie einen erholsamen Spaziergang an der frischen Luft oder lesen Sie ein gutes Buch. Vermeiden Sie an diesen Tagen jegliche Hektik und halten Sie unbedingt ausreichende Ruhezeiten ein. Lassen Sie sich einfach nur treiben.

Unterstützen Sie die Entgiftung mit einem basischen Vollbad. Spezielle basische Badesalze erhalten Sie in Bioläden oder Drogerien. Fördern und genießen Sie auf diese Art die kleinen Glücksmomente des Alltags. Unterstützen Sie Ihre Nieren, indem Sie an den Entschlackungstagen mindestens drei Liter kohlensäurefreies Mineral- oder Quellwasser trinken. Auch Tees aus Löwenzahn, Brennnessel und Ingwer oder verdünnte Obstsäfte sind zu empfehlen. Ihre Mahlzeiten sollten Sie unbedingt gründlich kauen: jeden Bissen etwa 20- bis 30-mal, denn dies ist die Grundvoraussetzung, um den Darm zu schonen.

Nachfolgend finden Sie verschiedene Vorschläge für den Umschalttag. Wählen Sie nach Belieben aus:

Übrigens: Bei allen Beispielen (außer beim Obsttag) können Sie morgens noch eine Kleinigkeit frühstücken.

Gemüse-Salat-Tag

Essen Sie an diesem Tag Salat und/oder rohes oder leicht gedünstetes Gemüse der Saison. Die Menge dieser Lebensmittel richtet sich dabei ganz nach Ihrem persönlichen Appetit. Nach Belieben können Sie zum Würzen etwas Kräutersalz und zum Dünsten etwas Öl verwenden.

Obsttag

Bis zum Nachmittag können Sie an diesem Tag frische Früchte der Saison aus der Eiweißgruppe essen. Die Menge richtet sich auch hier nach Ihrem Appetit. Ab 17 Uhr stehen dann noch zwei mittelgroße Bananen oder zwei mittelgroße Pellkartoffeln auf Ihrem Speiseplan.

Kartoffel-Gemüse-Suppen-Tag

An diesem Tag gibt es eine Suppe aus drei Kartoffeln, einer Zwiebel, einer großen Stange Lauch, einem Stück Knollensellerie und drei Möhren. Das exakte Gewicht spielt hier keine Rolle. Und so wird die Suppe zubereitet: Putzen Sie das Gemüse, waschen und zerkleinern Sie es. Dann geben Sie es in einen großen Topf, füllen diesen mit Wasser auf und fügen nach Belieben frische, gehackte Kräuter und Gewürze (z. B. Petersilie, Majoran, Liebstöckel, Kümmel, und Knoblauch) hinzu. Anschließend wird alles zugedeckt bei mittlerer Temperatur gegart, bis das Gemüse weich ist. Zum Schluss können Sie die Suppe mit etwas Gemüsebrühe abschmecken. Essen Sie die Suppe dann über den Tag verteilt.

7-Tage-Powerplan

So leicht und genussvoll kann Abnehmen sein – dank Trennkost! Der 7-Tage-Power- plan gibt Ihnen Anregungen, wie Sie die Gerichte optimal zusammenstellen können. Alle Angaben gelten, wenn nicht anders vermerkt, für zwei Portionen.

	Frühstück	Snack
ERSTER TAG	*150 g Joghurt mit 1 TL gehackten Nüssen und 1 TL Honig ♦ neutral	*1 großes Stück Gurke mit 50 g Camembert ♦ neutral
ZWEITER TAG	*Obstfrühstück ♦ Eiweiß S. 176	*250 ml Kefir ♦ neutral
DRITTER TAG	*Apfel-Möhren-Müsli ♦ Eiweiß S. 176	*3 EL Mungobohnen-Sprossen mit 100 g körnigem Frischkäse ♦ neutral
VIERTER TAG	*150 g Joghurt ♦ neutral mit 150 g Beerenobst gemischt ♦ Eiweiß	*1 Banane ♦ Kohlenhydrate
FÜNFTER TAG	*Obstfrühstück ♦ Eiweiß S. 176	*1 Chicorée ♦ neutral dazu 50 g Corned Beef ♦ Eiweiß
SECHSTER TAG	*Rührei mit Schinken ♦ Eiweiß S. 177	*1 Glas frischer Orangensaft (200 ml) ♦ Eiweiß
SIEBTER TAG	*Honigbrötchen ♦ Kohlenhydrate S. 176	*1 großer abgelagerter Apfel ♦ Kohlenhydrate

Mittag	Snack	Abend
Thunfischsalat mit Ei und Paprika ♦ *Eiweiß* S. 120	*2 Knäckebrote mit 30 g Salami und 1 Tomate ♦ *Kohlenhydrate*	Gemüsesüppchen mit gefüllten Brötchen ♦ *Kohlenhydrate* S. 70
Nudel-Brokkoli-Gratin ♦ *Kohlenhydrate* S. 85	*1 Kohlrabi, geschält und in Spalten geschnitten ♦ *neutral*	Debrecziner mit Selleriepüree ♦ *neutral* S. 117
Sommersalat mit Curry-Eiern und Gänseblümchen ♦ *Eiweiß* S. 130	*1 Paprika mit 40 g Rindersalami ♦ *neutral*	Berliner Lachsbuletten mit Zitronenjoghurt ♦ *Eiweiß* S. 125
Salat Nizza ♦ *Eiweiß* S. 106	*200 g Sauerkraut ♦ *neutral*	Pellkartoffeln mit Kümmelquark und Radieschen ♦ *Kohlenhydrate* S. 88
Lachsburger mit Tomaten ♦ *Kohlenhydrate* S. 121	*125 g Quark mit 1 TL Honig und 2 EL Rosinen gemischt ♦ *neutral*	Gurken-Mais-Gemüse mit Schafskäse ♦ *neutral* S. 143
Fleischklößchen in Tomatensauce mit Bohnen ♦ *Eiweiß* S. 115	*1 Fleischtomate mit 100 g Mozzarella und Basilikum ♦ *neutral*	Knoblauchkäse mit Butterbrot und Rettich ♦ *Kohlenhydrate* S. 142
Champignonschnitzel mit Buttermöhren ♦ *Eiweiß* S. 116	Gelee aus Mandarinensaft ♦ *Eiweiß* S. 153	Amerikanisches Schinken-Käse-Baguette ♦ *Kohlenhydrate* S. 139

*Für 1 Portion

Rezepte zum Genießen

Salate und kleine Gerichte

Leckere Salate und Gemüsevorspeisen sollten so oft wie möglich auf Ihrem Speiseplan stehen: Sie sind reich an Vitaminen und Mineralstoffen, gehören meist zur neutralen Sparte und sind daher ideal mit allen anderen Speisen zu kombinieren.

Vegetarische Köstlichkeiten – frisch und knackig

Egal, aus welchen Zutaten sie zusammengestellt sind: Bei Salaten handelt es sich immer um vitalstoffreiche Kost, die wesentlich zu Ihrer Gesundheit und Vitalität beiträgt. Die in Salaten enthaltenen Vitamine, Mineralien, Spurenelemente und Enzyme stärken besonders das Immunsystem des Körpers.

Da Salate pur zudem keinerlei Cholesterin enthalten, schützen sie auf natürliche Weise unsere Gefäße und wirken der Arteriosklerose entgegen. Auch regulieren sie das Säure-Basen-Gleichgewicht und sind somit für unser Wohlbefinden von größtem Wert.

Nach den Regeln der Trennkost sollte der tägliche Salat- bzw. Gemüse- und Obstanteil bei etwa 80 Prozent liegen, er kann jedoch nach eigenem Ermessen reduziert werden. Salate und Rohkost zählen im natürlichen Zustand zu den »Neutralen«, auch Kombis genannt. Daher sind sie innerhalb einer Mahlzeit kombinierbar mit Lebensmitteln aus der Eiweißgruppe bzw. aus der Gruppe der Kohlenhydrate.

Das Wichtigste beim Salat: die passenden Gewürze

Kräuter und Gewürze geben, richtig eingesetzt, Salaten und Rohkost oft eine originelle Note. So wird aus geraspeltem Fenchel, kombiniert mit saftigen Orangen und Gewürzen wie Kardamom, gemahlener Nelke und einem Hauch Ingwer, eine köstliche, orientalisch anmutende Speise. Blattsalate verlangen nach frischen Kräutern wie Petersilie, Schnittlauch, Dill und Kerbel oder auch Estragon, Salbei, Brunnenkresse, Sauerampfer oder Zitronenmelisse. Etwas pikanter wird der Salat durch Bärlauch, Knoblauch und Zwiebeln. Keimlinge passen zu allen Salatvariationen.

Knollen, Rüben und Kohl, als Rohkost zubereitet, können süßlich pikant, aber auch säuerlich oder mit Nüssen und Kernen zubereitet werden. Wenn Sie einen etwas deftigeren Geschmack bevorzugen, bieten sich wahlweise Kümmel, Meerrettich, Majoran, Oregano, Kräuter der Provence, Thymian, Rosmarin, Koriander, Rosenpaprika oder Kreuzkümmel zum Würzen an. Interessant schmecken auch Kaffir-Zitronenblätter, Kurkuma, Safran und Curry als Salatwürze.

Salatsaucen für eine eiweißreiche Mahlzeit können mit Zitronensaft, Balsamico, Himbeeressig oder anderen milden Essigsorten gesäuert werden, Salatsaucen für eine kohlenhydratreiche Mahlzeit säuert man mit Obstessig, Kartoffelessig, Feigen-Balsamico, sehr altem Balsamico, Brottrunk oder Molkosan (aus dem Reformhaus). Joghurt, Buttermilch, Sahne, Crème fraîche oder Sojacreme sind neutral und passen zu allen Salatvarianten. Probieren Sie aus, was Ihnen schmeckt.

> Salate und Rohkost haben einen hohen Wasser- und Kaliumgehalt und sind deshalb ideal für die Gewichtsabnahme. Verwenden Sie zum Würzen nur wenig Salz, stattdessen viele frische Kräuter und nach Belieben Knoblauch.

Romanasalat
mit Radieschen

◆ *Neutral | Zubereitungszeit: 10 Min.*

Zutaten für 2 Personen
1 kleiner Romanasalat
1 rote Zwiebel
1 kleine Salatgurke
1 Bund Radieschen
1 kleines Bund Petersilie
1 ½ EL Obstessig
1 ½ EL Olivenöl
Pfeffer
Meersalz

1. Den Salat putzen, waschen, trocknen und in mundgerechte Stücke zerpflücken.

2. Die Zwiebel abziehen und in dünne Ringe schneiden. Die Gurke schälen und das Fruchtfleisch klein würfeln. Die Radieschen waschen, putzen und in Scheiben schneiden.

3. Die Salatblätter auf einer Platte anrichten. Zwiebel, Gurke und Radieschen darauf verteilen. Die Petersilie waschen, trocknen und fein hacken.

4. Aus dem Essig, dem Öl, 4 EL Wasser, Pfeffer und Salz eine Sauce rühren und den Salat damit beträufeln. Mit der Petersilie bestreut servieren.

Italienischer Mischsalat
mit Oliven (Foto Seite 54)

◆ *Neutral | Zubereitungszeit: 15 Min.*

Zutaten für 2 Personen
1 kleines Bund Rucola
1 kleiner Eichblattsalat
2 Eiertomaten
4 EL Mais (aus der Dose oder TK)
1 kleines Bund Salatkräuter
1 ½ EL Olivenöl
1 EL Obstessig
frischer Pfeffer aus der Mühle
Meersalz
10 schwarze Oliven

1. Den Rucola waschen, trocknen und die harten Stiele entfernen. Den Eichblattsalat putzen, waschen, abtropfen lassen und in mundgerechte Stücke zerpflücken.

2. Die Tomaten waschen, von den Stielansätzen befreien und in schmale Spalten schneiden. Die vorbereiteten Salatzutaten zusammen mit dem Mais auf einer Salatplatte anrichten.

3. Für das Dressing die Salatkräuter waschen, trocknen und fein hacken. Das Öl mit Essig, 5 EL Wasser, Pfeffer, Salz und den gehackten Kräutern kräftig verrühren. Den Salat damit beträufeln. Mit den Oliven garnieren.

Blattsalat
mit Petersiliensauce

♦ *Neutral | Zubereitungszeit: 10 Min.*

Zutaten für 2 Personen
1 kleiner Kopf Friséesalat
1 kleiner Radicchio, 1 kleiner Lollo Rosso
1 kleines Bund Petersilie, 1 Knoblauchzehe
1 EL Sesam
1 EL Öl
100 ml Gemüsebrühe
Pfeffer
Kräutersalz

1. Die Salate putzen, waschen, trocknen und in mundgerechte Stücke zerpflücken.

2. Petersilie waschen, trocknen und die Blättchen von den Stielen zupfen. Den Knoblauch abziehen.

3. Petersilie, Knoblauch und Sesam zusammen mit dem Öl und der Gemüsebrühe mit dem Mixstab fein pürieren. Mit Pfeffer und Salz abschmecken. Die Salatblätter in eine Schüssel geben und mit dem Dressing mischen.

Tipp
Neutrale Salate können Sie zusammen mit einem kräftigen Vollkornbrot servieren. Daraus wird dann allerdings eine Kohlenhydratmahlzeit.

Feldsalat
mit Tomaten und Basilikum

♦ *Neutral | Zubereitungszeit: 15 Min.*

Zutaten für 2 Personen
150 g Feldsalat
4 Tomaten
1 kleine Zwiebel
1 kleines Bund Basilikum
1 EL Obstessig
1 EL Öl, z. B. Traubenkernöl
Pfeffer, 1 TL Meersalz

1. Den Feldsalat verlesen, waschen und trocknen. Die Tomaten waschen, von den Stielansätzen befreien und in kleine Würfel schneiden.

2. Die Zwiebel schälen und in feine Würfel schneiden. Basilikum waschen, die Blättchen von den Stielen zupfen und grob zerschneiden.

3. Den Feldsalat und die Tomaten dekorativ auf einer Platte anrichten. Mit Essig und Öl beträufeln und mit Pfeffer und Salz fein würzen. Mit den gehackten Zwiebeln und den Basilikumblättchen garniert servieren.

Tipp
Tomaten sollten Sie zum Nachreifen an einem dunklen Ort, aber nie im Kühlschrank aufbewahren. Nur so entwickeln sie ihr volles Aroma.

Rote Bete in der Folie
mit Rosmarin (Foto)

♦ *Neutral* | *Zubereitungszeit: 10 Min.*
Backzeit: 15 Min.

Zutaten für 2 Personen
4 Knollen Rote Bete
(etwa 600 g, aus der Vakuumpackung)
2 Zweige Rosmarin
Pfeffer
Meersalz
2 EL Olivenöl
2 EL alter Balsamico-Essig
2 EL saure Sahne
Außerdem:
1 großes Stück reißfeste Alufolie

1. Den Backofen auf 180 °C vorheizen. Die Rote Bete waschen und putzen, in grobe Stücke schneiden und auf ein großes Stück Alufolie legen.

2. Die Rosmarinzweige obenauf legen und das Gemüse mit Pfeffer und Salz würzen. Alles mit dem Öl und Essig beträufeln, dann die Folie zu einem Päckchen fest schließen und im Backofen 15 Minuten backen.

3. Anschließend das Päckchen aus dem Ofen nehmen, die Folie öffnen und den Rosmarinzweig entfernen. Die Rote Bete zusammen mit der sauren Sahne servieren.

Linsensprossensalat
mit Basilikum

♦ *Neutral* | *Zubereitungszeit: 10 Min.*

Zutaten für 2 Personen
1 kleines Bund Basilikum
1 ½ EL alter Balsamico-Essig
2 EL Olivenöl
Meersalz
Pfeffer
1 EL Sojacreme
400 g Linsensprossen (125 g Rohgewicht)

1. Die Basilikumblätter von den Stielen zupfen, waschen, trocknen und grob hacken. Einige Blättchen für die Garnitur beiseite legen.

2. Für das Dressing den Essig mit 2 EL Wasser mischen. Öl, Salz, Pfeffer, Sojacreme und die gehackten Basilikumblättchen unterrühren. Das Dressing mit den Linsenkeimlingen vermischen und mit den Basilikumblättchen garnieren.

Tipp
So können Sie Linsensprossen selbst ziehen: Weichen Sie 125 Gramm Linsen in Wasser ein und spülen Sie diese zwei- bis dreimal täglich gründlich durch. Nach 3 bis 4 Tagen können Sie die Keimlinge für Salate oder als Brotbelag verwenden. 125 Gramm rohe Linsen ergeben etwa 400 Gramm Keimlinge.

Türkischer Gurkensalat

♦ *Neutral | Zubereitungszeit: 15 Min.*

Zutaten für 2 Personen
1 Salatgurke
Meersalz
1 Frühlingszwiebel
1 Knoblauchzehe
1 EL Olivenöl
1 EL Obstessig
100 g Buttermilch
Pfeffer
1 TL Honig oder 5 Tropfen Stevia Fluid
(siehe Seite 145)
einige Minzeblättchen

1. Die Gurke schälen, in feine Scheiben hobeln, salzen und 5 Minuten ziehen lassen. Die Frühlingszwiebel putzen. Das Grün in Röllchen, die weiße Knolle in kleine Würfel schneiden. Den Knoblauch abziehen und mit Salz zerdrücken.

2. Das Öl mit dem Essig verrühren. Zwiebel und Knoblauch dazugeben und die Buttermilch untermischen. Die Sauce mit Pfeffer und Honig bzw. Stevia abschmecken.

3. Die Gurkenscheiben leicht ausdrücken und mit dem Dressing mischen. Den Salat mit den Minzeblättchen garniert servieren.

Selleriesalat mit Rosinen

♦ *Neutral | Zubereitungszeit: 15 Min.*
Kochzeit: 25 Min.

Zutaten für 2 Personen
2 EL Rosinen
1 Knolle Sellerie (etwa 500 g)
1 Zwiebel
3 Zweige glatte Petersilie
4 EL Sahne
150 g Joghurt
1 EL Obstessig
1 TL Senf
Pfeffer, Kräutersalz
1 TL Curry

1. Die Rosinen mit kochendem Wasser übergießen, 5 Minuten ziehen lassen, dann abgießen.

2. Den Sellerie waschen, putzen, mit Wasser knapp bedecken und zugedeckt in 25 Minuten bissfest garen. Anschließend auskühlen lassen, schälen und in kleine Würfel schneiden.

3. Für die Sauce die Zwiebel abziehen und fein würfeln. Die Petersilie waschen, trocknen und fein hacken.

4. Die Sahne mit Joghurt, Essig, Senf, Pfeffer, Salz, Zwiebelwürfeln und Petersilie verrühren. Die Selleriewürfel mit der Sauce mischen, die Rosinen unterrühren und alles mit dem Curry bestäuben. Leicht gekühlt servieren.

Möhrenrohkost mit Ingwer

♦ *Neutral | Zubereitungszeit: 15 Min.*

Zutaten für 2 Personen
2 EL Rosinen
1 kleines Stück Ingwer, walnussgroß
500 g Möhren
1 kleines Bund glatte Petersilie
1 EL Obstessig
1 TL Honig oder einige Tropfen Stevia Fluid
(siehe Seite 145)
1 TL abgeriebene Schale einer unbehandelten
Zitrone
Kräutersalz
1 EL Crème fraîche

1. Die Rosinen mit kochendem Wasser übergießen, 5 Minuten ziehen lassen, dann abgießen.
Den Ingwer schälen und sehr fein hacken.

2. Die Möhren waschen, schälen und auf einer
Rohkostreibe fein raspeln. Rosinen und Ingwer mit den Möhren mischen. Petersilie
waschen, trocknen und fein hacken. Einen
Zweig für die Garnitur beiseite legen.

3. Für das Dressing den Obstessig mit 5 EL
Wasser, Honig bzw. Stevia, Zitronenschale,
Kräutersalz und Crème fraîche kräftig aufschlagen. Den Salat damit anmachen und mit
dem Petersilienzweig garnieren.

Pikant marinierte Möhren mit Petersilie

♦ *Neutral | Zubereitungszeit: 15 Min.*

Zutaten für 2 Personen
1 großes Bund frische Möhren
½ Chilischote
2 EL Öl
1 ½ EL Obstessig
½ TL Honig
Meersalz
2 EL gehackte glatte Petersilie

1. Die Möhren waschen, putzen und mit der
Schale in 18 bis 20 Minuten garen, dann
abgießen und auskühlen lassen. Die Möhren
schälen und in Scheiben schneiden.

2. Die Chilischote waschen, halbieren und die
Kerne entfernen. Eine Hälfte der Frucht in
sehr kleine Würfel schneiden.

3. Das Öl mit dem Essig und 3 EL Wasser kräftig verrühren, mit Honig, Salz und Chili würzen. Die Möhren mit der Marinade mischen
und gut gekühlt etwa 30 Minuten ziehen lassen. Mit der Petersilie bestreut servieren.

> **Tipp**
> *In eine fest verschließbare Plastikdose gefüllt,
> lassen sich die Möhren prima mit an den
> Arbeitsplatz nehmen.*

Antipasti
mit Oliven (Foto)

♦ *Neutral* | *Zubereitungszeit: 25 Min.*

Zutaten für 2 Personen
1 Aubergine, 2 Zucchini
Meersalz, 5–6 EL Olivenöl
1–2 Knoblauchzehen
2 EL alter Balsamico-Essig
Pfeffer, 2 TL Thymian, 12 Oliven

1. Aubergine und Zucchini waschen und putzen. Das Gemüse der Länge nach in 1 cm dicke Scheiben schneiden. Die Auberginenscheiben mit Salz bestreuen, 10 Minuten ziehen lassen, danach mit Küchenkrepp trockentupfen.

2. Die Auberginen- und Zucchinischeiben mit einem Pinsel von beiden Seiten mit dem Öl bestreichen. Das Gemüse nacheinander in einer großen Pfanne bei mittlerer Hitze braten. Anschließend die Scheiben herausnehmen, abkühlen lassen und auf einer Salatplatte anrichten.

3. Den Knoblauch abziehen und sehr fein hacken. Den Essig mit 1 EL Wasser vermischen, mit dem Knoblauch, Pfeffer, Salz und Thymian verrühren. Das Gemüse mit der Marinade beträufeln. Zusammen mit den Oliven servieren.

> **Tipp**
> *Diese italienische Vorspeise können Sie auch mit Fleisch oder Fisch (Eiweiß) bzw. mit Reis oder Nudeln (Kohlenhydrate) servieren.*

Champignons in Tomatensauce

♦ *Eiweiß* | *Zubereitungszeit: 20 Min.*

Zutaten für 2 Personen
3 reife Tomaten
2 Schalotten
250 g kleine Champignons
1 EL Olivenöl
1 Zweig Thymian
1 Zweig Rosmarin
4 Korianderkörner
4 EL trockener Weißwein
Meersalz
2 EL Tomatenmark
1 TL Sambal Oelek
2 EL gehackte Petersilie

1. Die Tomaten mit kochendem Wasser überbrühen und abziehen, die Stielansätze entfernen und das Fruchtfleisch grob würfeln. Die Schalotten abziehen und fein hacken. Die Pilze putzen und halbieren..

2. Die Schalottenwürfel mit dem Öl in einer Pfanne glasig dünsten. Tomaten, Pilze, Kräuter, Wein und Salz dazugeben und 10 Minuten leise kochen lassen. Thymian- und Rosmarinzweig entfernen. Das Tomatenmark und Sambal Oelek unter die Sauce rühren.

3. Das Tomaten-Pilz-Gemüse in eine Dessertschüssel geben und, mit der gehackten Petersilie bestreut, gut gekühlt servieren.

Blumenkohl mit Kokossauce

♦ *Neutral | Zubereitungszeit: 20 Min.*

Zutaten für 2 Personen
1 Blumenkohl
Meersalz
2 EL Sahne
50 ml Blumenkohlwasser
1 gehäufter EL Kokosraspel
1 Zwiebel
100 ml ungesüßte Kokosmilch
1 EL Butter
1–2 TL Curry
1 Msp. Cayennepfeffer

1. Den Blumenkohl putzen, waschen und in kleine Röschen teilen. Das Gemüse in einem Topf mit gesalzenem Wasser zusammen mit der Sahne in 12 Minuten bissfest garen. Die Röschen aus dem Wasser nehmen, 50 ml Blumenkohlwasser beiseite stellen.

2. Die Kokosraspel in einer Pfanne ohne Fett kurz rösten. Die Zwiebel abziehen und fein würfeln. Die Kokosmilch mit dem Blumenkohlwasser verrühren.

3. Die Zwiebelwürfel in einer Pfanne mit der Butter unter Rühren 3 bis 4 Minuten braten. Kokosmilch dazugießen, mit Curry, Cayennepfeffer und Salz fein würzen. Alles kurz aufkochen lassen und bei schwacher Hitze 1 Minute leise kochen lassen.

4. Die Sauce mit dem Blumenkohl mischen. Das Gemüse mit Curry und den Kokosraspeln bestreut servieren.

Bohnensalat mit Thymian

♦ *Neutral | Zubereitungszeit: 20 Min.*

Zutaten für 2 Personen
600 g grüne Bohnen
Meersalz
1 TL getrockneter Thymian
1 Zwiebel
1 EL Obstessig
1 TL Öl
2 EL Sahne
Pfeffer
Meersalz
5 EL Gemüsewasser

1. Die Bohnen waschen, putzen und in etwa 3 cm lange Stücke schneiden. Das Gemüse in wenig leicht gesalzenem Wasser zum Kochen bringen. Mit dem Thymian würzen.

2. Die Bohnen in 15 Minuten bissfest garen, aus dem Wasser nehmen, abtropfen und abkühlen lassen. Etwas Gemüsewasser beiseite stellen.

3. Die Zwiebel abziehen und fein würfeln. Aus Essig, Öl, Sahne, Pfeffer, Salz und dem Gemüsewasser eine Marinade rühren. Die Zwiebelwürfel unterrühren.

4. Die Bohnen mit dem Dressing vermischen, kurz ziehen lassen und servieren.

Krautsalat
mit Schinkenwürfeln

♦ *Neutral | Zubereitungszeit: 15 Min. | Zeit zum Durchziehen: 1 Std.*

Zutaten für 2 Personen
1 kleiner Kopf Weißkohl
Meersalz
1 TL Kümmel
40 g Rinderschinken
2 EL Mayonnaise
175 g Joghurt
1 EL Obstessig

1. Die äußeren Blätter vom Weißkohl entfernen, die restlichen Blätter in feine Streifen hobeln. Die Krautstreifen mit Salz und Kümmel bestreuen und mit den Händen gut verkneten.

2. Den Schinken in kleine Würfel schneiden. Die Mayonnaise mit dem Joghurt und Essig verrühren und unter das Kraut mischen.

3. Mit den Schinkenwürfeln bestreuen und im Kühlschrank 1 Stunde ziehen lassen.

> **Tipp**
> *Statt Weißkraut können Sie auch Spitzkohl verwenden. Dieser wird im Mai geerntet und ist besonders zart. Er ist ebenso aromatisch wie der viel festere und härtere Herbstkohl.*

Rosenkohlsalat
mit Haselnüssen

♦ *Neutral | Zubereitungszeit: 20 Min.*

Zutaten für 2 Personen
500 g Rosenkohl (frisch oder TK)
1 TL Gemüsebrühe (instant)
2 EL Haselnüsse
40 g roher Rinder- oder Putenlachsschinken
8 EL Rosenkohl-Gemüsebrühe
2 EL saure Sahne
1 TL Senf
1 EL Obstessig
Pfeffer
Meersalz
1–2 TL Curry

1. Den Rosenkohl waschen und putzen, die größeren Röschen halbieren. Das Gemüse in einen Topf geben, knapp mit Wasser bedecken und mit der Gemüsebrühe würzen. In etwa 12 Minuten bissfest garen, dann herausnehmen und abtropfen lassen.

2. Die Haselnüsse in einer Pfanne ohne Fett kurz rösten, anschließend grob hacken. Den Schinken in sehr kleine Würfel schneiden.

3. Für das Dressing die Rosenkohl-Gemüsebrühe mit saurer Sahne, Senf, Essig, Pfeffer, Salz und Curry gut verrühren und mit dem Rosenkohl vermischen. Mit den gehackten Nüssen und Schinkenwürfeln bestreuen. Warm oder kalt servieren.

Suppen

In diesem Kapitel finden Sie viele Rezepte für feine Suppen, die man leicht vorbereiten kann und die sich in der Regel auch gut zum Mitnehmen eignen. So können Sie auch an Ihrem Arbeitsplatz mit Genuss gesund und abwechslungsreich essen.

Heiß geliebt – nicht nur als Vorspeise

Sie schmecken einfach toll und lassen sich ganz nach Geschmack in unendlich vielen Varianten zubereiten: Suppen. Kombiniert mit viel Gemüse, helfen sie sogar beim Abnehmen. Da insbesondere Gemüsesuppen viele Vitamine und Mineralstoffe, besonders Kalium, enthalten, kurbeln sie den Stoffwechsel so richtig an.

Eine Suppe macht satt, regt dabei gleichzeitig die Nierentätigkeit an und entwässert so auf natürliche Weise. Besonders ein Kartoffel-Gemüse-Suppen-Tag zum Entschlacken (siehe Seite 49) hat es in sich. Diese basenreiche Suppe ist wie ein Jungbrunnen – sie schwemmt giftige Stoffe aus dem Körper und ist der ideale Einstieg, wenn Sie abnehmen möchten.

Der besondere Geschmack einer Suppe hängt zweifellos von erstklassigen Zutaten ab. Dazu gehören neben verschiedenen Gemüsesorten natürlich auch gute Gewürze und feine Küchenkräuter. So geben Lauch, Liebstöckel, Petersilie, Lorbeerblätter, Sellerie und Sellerieblätter, gebunden als Kräutersträußchen, einer Suppe oft den letzten Pfiff.

Auch Gewürzbeutel bieten eine praktische Lösung. Je nach Geschmack können Sie Rosmarin, Thymian, Bohnenkraut, Nelken, Piment, Kümmel, Wacholder oder andere Kräuter in ein sauberes Leinensäckchen geben und nach dem Kochvorgang problemlos wieder entfernen. Gerade bei klaren Suppen würde es den optischen Eindruck stören, wenn Lauchfäden oder halb aufgelöste Kräuterreste Bestandteil der Brühe wären.

> *Auch Suppen sollten Sie stets langsam essen und kauen, denn erst nach etwa 20 Minuten kommt ein Sättigungsgefühl auf.*

Was müssen Sie bei Suppen beachten, wenn Sie sich trennkostgemäß ernähren? Sie können sie, wie sonst auch, vielseitig einsetzen: als Vorsuppe, als kleinen Zwischensnack oder als Hauptmahlzeit. Wenn Sie eine Suppe als Vorspeise zu sich nehmen, sollten Sie lediglich darauf achten, zu welcher Kategorie (Eiweiß oder Kohlenhydrate) sie gehört, und die Hauptmahlzeit harmonisch darauf abstimmen.

Gewürze verleihen ein besonderes Aroma

Gewürze und Kräuter sind die unbestrittenen Stärken einer jeden Suppe. So entfaltet zum Beispiel eine grüne Bohnensuppe erst zusammen mit Bohnenkraut ihr volles Aroma. Eine Gurkensuppe schmeckt am besten, wenn sie mit Dill gewürzt wird. Zu einer Zucchinisuppe passen am besten Thymian, Rosmarin, Oregano und Knoblauch, zu einer Tomatensuppe wiederum Basilikum und Thymian. Chili und Curry geben Suppen eine exotische Variante, so dass einfache Gemüseeintöpfe je nach Gewürzen eine südländische oder asiatische Note bekommen.
Frische Kräuter sind jahreszeitenbedingt nicht immer im Handel erhältlich. Dafür gibt es inzwischen eine riesige Palette an getrockneten und tiefgefrorenen Kräutern, die fast ebenso viel Geschmack entfalten wie frische.

Blumenkohlsuppe
mit Petersilie

◆ *Kohlenhydrate | Zubereitungszeit: 10 Min.*
Kochzeit: 20 Min.

Zutaten für 2 Personen
1 kleiner Blumenkohl
1 kleines Bund Petersilie
1 EL Gemüsebrühe (instant)
Pfeffer
4 EL Sahne

1. Den Blumenkohl waschen, putzen und in kleine Röschen teilen. Die Petersilie waschen, trocknen und fein hacken.

2. Die Blumenkohlröschen in einen Topf geben, gut mit Wasser bedecken und mit der Gemüsebrühe und Pfeffer würzen. Zugedeckt in etwa 15 bis 18 Minuten weich kochen lassen.

3. Die Suppe mit dem Mixstab fein pürieren. Die Sahne unterrühren und mit der gehackten Petersilie bestreut servieren.

Tipp
Wenn es schnell gehen muss, können Sie auch Tiefkühl-Blumenkohl verwenden. Natürlich ist frisches Gemüse dem tiefgekühlten immer vorzuziehen, doch Tiefkühlprodukte sind fast so vitaminreich wie frisches Gemüse vom Markt.

Kräutersüppchen
mit Schmelzkäse

◆ *Eiweiß | Zubereitungszeit: 15 Min.*

Zutaten für 2 Personen
1 Kästchen Kresse
1 kleines Bund frischer Koriander
1 kleines Bund frischer Kerbel
1 Schalotte
1 TL Butter
400 ml Gemüsebrühe
15 g Schmelzkäse
2 TL saure Sahne

1. Die Kresse mit einer Schere aus dem Kästchen schneiden. Einige Blättchen zum Garnieren beiseite legen. Koriander und Kerbel waschen und die Blättchen von den Stielen zupfen.

2. Die Schalotte schälen und fein hacken. Butter in einem Topf erhitzen und die Schalotte darin unter Rühren glasig dünsten. Kresse, Koriander und Kerbel dazugeben, mit der Gemüsebrühe auffüllen und einmal kurz aufkochen lassen.

3. Den Käse einrühren und die Suppe mit dem Mixstab kräftig pürieren. Anschließend in zwei tiefe Teller füllen und mit je einem Klecks Sahne garnieren. Die restlichen Kresseblättchen darüberstreuen und heiß servieren.

Lauchcremesuppe
mit Tomatentoast

♦ *Kohlenhydrate | Zubereitungszeit: 25 Min.*

Zutaten für 2 Personen
1 große Stange Lauch
1 EL Butter
1/2 l Gemüsebrühe
Meersalz, Pfeffer
1 TL Oregano, getrocknet
2 EL saure Sahne
2 reife Tomaten
1 Knoblauchzehe
2–3 Zweige Petersilie
1 EL Olivenöl
2 Scheiben Vollkornbrot

1. Den Lauch putzen, längs aufschneiden, waschen und in Scheiben schneiden. Das Gemüse mit der Butter in einem Topf andünsten. Mit der Brühe aufgießen und zugedeckt 12 Minuten leise kochen lassen.

2. Die Suppe mit dem Mixstab pürieren. Mit Salz, Pfeffer und Oregano abschmecken und die Sahne unterziehen.

3. Die Tomaten waschen und in kleine Würfel schneiden. Den Knoblauch abziehen und durch eine Presse drücken. Petersilie waschen, trocknen und fein hacken. Alles zusammen mit, Öl, Pfeffer und Salz mischen.

4. Die Brote toasten und die gewürzten Tomatenwürfel gleichmäßig darauf verteilen. Zusammen mit der Suppe servieren.

Möhren-Kokos-Suppe
mit Ingwer (Foto Seite 66)

♦ *Neutral | Zubereitungszeit: 20 Min.*

Zutaten für 2 Personen
300 g Möhren
1 kleines Stück Ingwer
1 kleines Bund Petersilie
1 EL Butter
3 EL Kokosflocken
400 ml Gemüsebrühe
2 EL saure Sahne

1. Die Möhren schälen, waschen und in Würfel schneiden. Den Ingwer schälen und in kleine Stücke schneiden. Die Petersilie waschen, trocknen und fein hacken.

2. Die Möhrenwürfel mit der Butter in einem Topf unter Rühren anbraten. Die Kokosflocken und den Ingwer dazuzugeben, dann alles mit der Gemüsebrühe ablöschen. Zugedeckt bei geringer Hitze 10 bis 12 Minuten leicht kochen lassen.

3. Das Gemüse mit dem Mixstab pürieren. Die saure Sahne unterrühren und die Suppe mit der gehackten Petersilie bestreut servieren.

Tipp
Ingwer ist nicht nur gesund, sondern verleiht vielen Gerichten eine aromatische Note.

Gemüsesüppchen
mit gefüllten Brötchen

♦ *Kohlenhydrate | Zubereitungszeit: 25 Min.*

Zutaten für 2 Personen
1 Bund Suppengrün
2 TL Gemüsebrühe (instant), Pfeffer
2 Vollkornbrötchen, 1 EL Butter
4 Salatblätter, 80 g Schafskäse (z. B. Feta)
4 EL Joghurt, 2 EL gehackte Petersilie

1. Das Suppengrün waschen, putzen und in Würfel schneiden. Das Gemüse in einen Topf mit Wasser geben, mit der Gemüsebrühe und Pfeffer würzen. Zugedeckt etwa 15 Minuten leicht kochen lassen.

2. Von den Brötchen je einen Deckel abschneiden, die Unterseiten aushöhlen. Die Krumen in einer Pfanne mit der Butter knusprig rösten.

3. Die Salatblätter putzen, waschen und trocknen. Den Käse in Würfel schneiden und mit den gerösteten Brotkrumen vermischen.

4. Die Brötchenhälften toasten. In die unteren Hälften Joghurt und die Käse-Brotkrumen-Mischung hineingeben, mit den Salatblättern belegen und den Deckel aufsetzen.

5. Die Suppe mit der Petersilie bestreuen und zusammen mit den Brötchen servieren.

Tipp
Die Suppe selbst ist neutral und kann auch zu einer Eiweißmahlzeit gereicht werden.

Gemüsesuppe »Provençal« mit Pesto (Foto)

♦ *Kohlenhydrate | Zubereitungszeit: 30 Min.*

Zutaten für 2 Personen
120 g Parboiled Vollkornreis
1 kleine Zucchini, 1 kleine Zwiebel
1 Stange Lauch, 100 g grüne Bohnen
2 Möhren, 500 ml Gemüsebrühe
1 Zweig Liebstöckel, Meersalz, Pfeffer
1 kleines Bund Basilikum
2 Knoblauchzehen, Meersalz
4 EL Olivenöl, 2 EL geriebener Parmesan

1. Den Reis waschen. Die Zucchini waschen, putzen und die Frucht in Würfel schneiden. Die Zwiebel abziehen und fein hacken. Den Lauch putzen, längs halbieren, waschen und in Ringe schneiden. Die Bohnen waschen, putzen und in etwa 3 cm lange Stücke brechen.

2. Die Möhren putzen, schälen und in kleine Würfel schneiden. Gemüse und Reis in einen Topf geben und mit der Brühe auffüllen. Die Suppe mit Liebstöckel, Salz und Pfeffer würzen und 15 Minuten leise kochen lassen.

3. Basilikum waschen, trocknen und die Blättchen von den Stielen zupfen. Den Knoblauch abziehen. Beides grob hacken, dann zusammen mit dem Salz im Mörser zerstoßen. Das Öl tropfenweise dazugeben.

4. Die Suppe in Teller füllen, Pesto einrühren und mit dem Parmesankäse bestreut servieren.

Kohlrabisuppe
mit Butter-Croûtons

♦ *Kohlenhydrate* | *Zubereitungszeit: 20 Min.*

Zutaten für 2 Personen
1 große Knolle Kohlrabi
3 Zweige Petersilie
2 EL Butter
½ l Gemüsebrühe
Salz, Pfeffer
1 Msp. Muskatnuss
3 EL Sahne
1 kleines Vollkornbrötchen vom Vortag
1 Knoblauchzehe

1. Kohlrabi waschen, schälen und in kleine Würfel schneiden. Petersilie waschen, trocknen und fein hacken.

2. Die Kohlrabiwürfel mit der Butter zart anbraten. Mit der Brühe aufgießen und zugedeckt 12 bis 15 Minuten leicht kochen lassen.

3. Die Suppe mit dem Mixstab fein pürieren. Mit Salz, Pfeffer und Muskatnuss abschmecken und die Sahne locker unterziehen.

4. Für die Croûtons das Brötchen in kleine Würfel schneiden. Die restliche Butter in einer beschichteten Pfanne schmelzen und die Brötchenwürfel darin knusprig braten.

5. Die Suppe in zwei tiefe Teller geben. Petersilie und die Butter-Croûtons darüber streuen und heiß servieren.

Erbsen-Lauch-Eintopf
mit Würstchen

♦ *Eiweiß* | *Zubereitungszeit: 20 Min.*

Zutaten für 2 Personen
125 g Erbsen (TK)
1 TL Gemüsebrühe (instant)
2 große Stangen Lauch
1 EL Butter
350 ml Gemüsebrühe
Salz, Pfeffer
¼ TL frisch geriebener Muskat
2 EL Sahne
4 Geflügelwürstchen
1 kleines Bund Petersilie

1. Die Erbsen mit Wasser bedecken, mit der Brühe würzen und in 8 bis 10 Minuten garen.

2. Den Lauch putzen, längs aufschneiden, waschen und in Scheiben schneiden. Das Gemüse mit der Butter unter Rühren andünsten. Die Brühe hinzufügen und zugedeckt 10 Minuten leise kochen lassen.

3. Das Lauchgemüse mit Salz, Pfeffer und Muskat würzen und mit dem Mixstab pürieren. Die Erbsen zusammen mit dem Kochwasser hinzufügen und die Sahne unterrühren. Die Würstchen in die Suppe legen und bei offenem Topf Minuten ziehen lassen.

4. Die Petersilie waschen, trocknen und fein hacken. Die Suppe mit den Würstchen anrichten und mit der Petersilie bestreut servieren.

Südländische Kartoffelsuppe

♦ *Kohlenhydrate | Zubereitungszeit: 25 Min.*

Zutaten für 2 Personen
400 g Kartoffeln
je 1 Zweig Majoran, Thymian
und Rosmarin
1 EL Butter
400 ml Gemüsebrühe
4 EL Sahne
2 EL gehackte Petersilie

1. Die Kartoffeln schälen, waschen und in kleine Würfel schneiden. Majoran, Thymian und Rosmarin waschen und verlesen.

2. Die Kartoffelwürfel mit der Butter in einem Topf unter Rühren zart anbraten. Mit der Brühe ablöschen, die Kräuter zugeben und alles zugedeckt bei schwacher Hitze 15 Minuten leise kochen lassen. Anschließend die Kräuterzweige entfernen.

3. Mit einer Schöpfkelle einen Teil der Kartoffelwürfel aus der Suppe nehmen und beiseite stellen. Die restliche Suppe mit dem Mixstab fein pürieren und die Kartoffelwürfel wieder dazugeben. Die Sahne unterrühren und mit der gehackten Petersilie bestreut servieren.

Tomaten-Gemüse-Suppe mit Hackklößchen

♦ *Eiweiß | Zubereitungszeit: 30 Min.*

Zutaten für 2 Personen
3 vollreife Tomaten
1 kleines Bund Suppengrün
2 TL Butter
1 kleine Zwiebel
Thymian
Pfeffer, Meersalz
250 g Rinderhackfleisch
1–2 TL Gemüsebrühe (instant)
1–2 EL Tomatenmark
einige Blättchen Basilikum

1. Die Tomaten waschen, in einem Topf mit Wasser bedecken und 5 Minuten kochen lassen. Mit dem Kochwasser durch ein Sieb streichen, die Brühe dabei auffangen.

2. Das Suppengrün putzen, waschen, in Würfel schneiden und in der Butter dünsten. Mit der Tomatenbrühe ablöschen und zugedeckt 10 Minuten leise kochen lassen.

3. Die Zwiebel abziehen und fein hacken. Zwiebelwürfel, Thymian, Pfeffer und Salz mit dem Hackfleisch mischen, dann aus dem Fleischteig kleine Kugeln formen.

4. Die Suppe mit Gemüsebrühe und Pfeffer würzen, das Tomatenmark unterrühren. Die Klößchen in die Suppe geben und 5 Minuten bei geringer Hitze gar ziehen lassen. Mit den Basilikumblättchen garniert servieren.

Pasta

Es muss nicht immer Fleisch auf dem Tisch stehen. Auch mit vegetarischen Nudelgerichten können Sie sich selbst, Ihre Familie und auch Ihre Freunde wunderbar verwöhnen. Das reichhaltige Angebot lässt keine Wünsche offen.

Nudeln machen glücklich

Nudeln erfreuen sich größter Beliebtheit, sie machen gute Laune, da sie die Produktion des »Glückshormons« Serotonin fördern, und sind ausgezeichnete Energiespender. Doch Nudel ist nicht immer gleich Nudel. In Farbe, Form und Geschmack unterscheiden sich die einzelnen Sorten oft beträchtlich.

Bei Trennkost empfiehlt es sich, auf Vollkornnudeln zurückzugreifen – doch nicht jede Vollkornnudel schmeckt gut und sieht gut aus. So wird den Nudeln oft Zuckercouleur beigemischt, um sie vollwertiger aussehen zu lassen. Achten Sie, wenn Sie vollwertige Nudeln essen möchten, auf einen guten Hersteller – denn eine echte Vollkornnudel ist nicht braun, sondern verfügt über eine helle Farbe. Doch auch helle Hartweizennudeln ohne Ei, sind gesund und bekömmlich.

Besonders bei Kindern beliebt: Spätzle

Spätzle können Sie leicht selbst zubereiten: Auf 100 Gramm Dinkelvollkornmehl kommen zwei Eigelb, etwas Salz und 100 Milliliter Wasser. Alle Zutaten miteinander verkneten, dann den Teig kurz ruhen lassen. Anschließend auf ein abgeflachtes Holzbrett geben und mit einem breiten Messer mit stumpfer Klinge feine Teigstreifen ins kochende Salzwasser schaben.

Womit lassen sich Nudelgerichte kombinieren?

Wie alle Teigwaren zählen Nudeln zur Gruppe der Kohlenhydrate und sind daher kombinierbar mit allen Blattsalaten, Gemüsesorten, Pilzen und Nüssen. Je nach Zubereitungsart, herzhaft oder süß, als Salat oder warme Mahlzeit, passen sie nach den Regeln der Trennkost außerdem zu folgenden Zutaten:

- ▶ Butter, Öl, Mayonnaise aus hochwertigen Ölen, Margarine aus ungehärteten Fetten
- ▶ Eigelb
- ▶ süße und saure Sahne, Buttermilch, Kefir, Joghurt, alle Käsesorten aus der neutralen Gruppe
- ▶ mürbe Äpfel, Bananen, Datteln, Feigen, Trockenobst, Honig, Ahornsirup und Birnendicksaft
- ▶ gebeizter Lachs, Kaviar, roher Schinken, Salami.

Bei Gewürzen, die zu Nudeln passen, sind Ihrer Phantasie keine Grenzen gesetzt. Verwenden können Sie z. B. Bärlauch, Brunnenkresse, Curry, Dill, Ingwer, Kardamom, Kerbel, Knoblauch, Kräuter der Provence, Kurkuma, Liebstöckel, Majoran, Nelke, Oregano, Petersilie, Rosenpaprika, Rosmarin, Rucola, Safran, Sambal Oelek, Schnittlauch, Thymian, Zwiebeln, ja sogar Zimtpulver.

Bereiten Sie bei einem Nudelgericht immer zuerst die Sauce zu, danach erst die Nudeln. Die Sauce muss praktisch auf die Nudeln warten. Auch werden Nudeln nicht, wie früher angegeben, mit kaltem Wasser abgeschreckt, sondern nur abgegossen und sofort mit etwas Sauce oder Öl bzw. Butter vermischt. Dies verhindert ein Aneinanderkleben der Nudeln.

Spanischer Nudelsalat

♦ *Kohlenhydrate | Zubereitungszeit: 25 Min.*

Zutaten für 2 Personen
160 g Nudeln ohne Ei
(z. B. Farfalle oder Wellennudeln)
Meersalz
2 Frühlingszwiebeln
1 kleine rote Paprikaschote
150 g Champignons
1 EL Olivenöl, Pfeffer aus der Mühle
1 Stange Sellerie
1 kleines Bund Radieschen
1 EL Obstessig
10 Scheiben Rindersalami,
dünn aufgeschnitten
3 Zweige Petersilie

1. Die Nudeln nach Packungsanweisung bissfest garen. Die Frühlingszwiebeln waschen und putzen. Das Grün in Röllchen, das Weiße in Würfel schneiden. Die Paprikaschote waschen, halbieren, putzen und würfeln. Die Champignons putzen und in Scheiben schneiden.

2. Das Gemüse in einer Pfanne mit Öl unter Rühren 3 bis 4 Minuten knackig braten. Mit Pfeffer und Salz würzen.

3. Selleriestange und Radieschen jeweils putzen und in Scheiben schneiden. Das gebratene Gemüse in einer Schüssel mit den Sellerie- und Radieschenscheiben mischen. Die Nudeln unterrühren und den Salat mit Essig, Pfeffer und Salz abschmecken. Mit den Salamischeiben und der Petersilie garniert servieren.

Scharfer Nudelsalat mit Debrecziner

♦ *Kohlenhydrate | Zubereitungszeit: 25 Min.*

Zutaten für 2 Personen
160 g Nudeln ohne Ei, z. B. Spiralen
Meersalz
1 Stück Salatgurke (etwa 10 cm)
1 kleine rote Zwiebel
½ Chilischote, 2 Tomaten
4 Debrecziner Würste
175 g griechischer Joghurt
2 EL Crème fraîche
1 TL Senf, 1 EL Obstessig
1 Msp. Cayennepfeffer
3 EL Mais (aus der Dose oder TK)
3 EL gehackte glatte Petersilie

1. Die Nudeln nach Packungsanweisung in reichlich Salzwasser bissfest garen.

2. Die Gurke schälen, längs halbieren und das Fruchtfleisch würfeln. Die Zwiebel abziehen und in Ringe schneiden. Die Chilischote waschen, putzen und in Ringe schneiden.

3. Die Tomaten häuten, halbieren und entkernen. Das Fruchtfleisch in Würfel schneiden. Die Debrecziner Würste in dünne Scheiben schneiden.

4. Den Joghurt mit Crème fraîche, Senf und Essig cremig verrühren. Mit Cayennepfeffer und Salz würzen. Gemüse und Debrecziner in die Sauce rühren und alles mit den Nudeln mischen. Mit der Petersilie bestreut servieren.

Tagliatelle mit Champignon-Kräuter-Sauce

♦ *Kohlenhydrate | Zubereitungszeit: 25 Min.*

Zutaten für 2 Personen
250 g Champignons
1 Zweig Rosmarin
2 Zweige Thymian
1 EL Öl
180 ml Gemüsebrühe
2 EL Frischkäse
Pfeffer, Meersalz
160 g Tagliatelle ohne Ei
1 kleines Bund glatte Petersilie

1. Die Champignons putzen und in Scheiben schneiden. Rosmarin waschen und die Nadeln fein hacken. Thymian waschen, trocknen und die Blättchen von den Stielen zupfen.

2. Die Champignons mit dem Öl in einer beschichteten Pfanne unter Wenden braten. Mit der Gemüsebrühe ablöschen, Kräuter dazugeben und alles 5 Minuten leise kochen lassen. Den Frischkäse unter die Pilze rühren, mit Pfeffer und Salz würzen und die Sauce leicht einkochen lassen.

3. Die Nudeln nach Packungsanweisung in reichlich Salzwasser bissfest garen. Die Petersilie waschen, trocknen und fein hacken.

4. Die Nudeln zusammen mit der Pilzsauce anrichten und mit der Petersilie bestreut servieren.

Nudeln neapolitanisch (Foto Seite 74)

♦ *Kohlenhydrate | Zubereitungszeit: 25 Min.*

Zutaten für 2 Personen
200 g Kirschtomaten
1 kleines Bund Rucola
400 g grüner Spargel
3–4 Knoblauchzehen
1 ½ EL Olivenöl, Meersalz
160 g Spaghetti ohne Ei
1 EL getrockneter Oregano, Kräutersalz
1 TL Sambal Oelek
2 EL Parmesan, frisch gerieben

1. Die Tomaten waschen, in einen Gefrierbeutel geben und grob zerquetschen. Den Rucola waschen, trocknen und harte Stiele entfernen.

2. Vom Spargel den holzigen Teil abschneiden, die Stangen waschen und in 3 bis 4 cm lange Stücke schneiden. Den Knoblauch abziehen und in feine Scheibchen schneiden. Das Olivenöl in einer Pfanne erhitzen, Knoblauch und Spargelstücke dazugeben, salzen und bei starker Hitze 5 Minuten goldgelb braten.

3. Die Nudeln nach Packungsanweisung in reichlich Salzwasser bissfest garen. Die abgetropften Nudeln unter den Spargel rühren. Mit Oregano, Kräutersalz und Sambal Oelek würzen.

4. Alles in eine Schüssel füllen und mit den Tomaten und dem Rucola vermischen. Mit dem Parmesan bestreut servieren.

Spaghetti Primavera (Foto)

♦ *Kohlenhydrate | Zubereitungszeit: 25 Min.*

Zutaten für 2 Personen

160 g Spaghetti ohne Ei
Meersalz, 100 g Erbsen (TK)
1 TL Gemüsebrühe (instant)
1 kleines Bund Rucola, 1 rote Paprikaschote
1–2 Knoblauchzehen, 1 TL Öl
2 EL Sojacreme, 1 TL Oregano, Pfeffer
2 EL geriebener Greyerzer Käse

1. Die Nudeln nach Packungsanweisung in reichlich Salzwasser bissfest garen, dann abgießen und gut abtropfen lassen.

2. Die Erbsen knapp mit Wasser bedecken, mit der Brühe würzen und zugedeckt bei schwacher Hitze 10 bis 12 Minuten leise kochen lassen.

3. Den Rucola waschen, trocknen und die harten Stiele entfernen. Die Paprikaschote waschen, halbieren, putzen und klein würfeln. Den Knoblauch abziehen und in Scheiben schneiden.

4. Das Öl in einer beschichteten Pfanne erhitzen und den Knoblauch darin anbraten. Paprikawürfel zugeben und unter Rühren 3 bis 5 Minuten schmoren lassen.

5. Die Erbsen aus dem Wasser heben, zusammen mit den Nudeln in die Pfanne geben und gut mischen. Die Sojacreme und den Rucola unterrühren, mit Oregano, Pfeffer und Salz würzen.

6. Die Spaghetti mit dem Käse bestreut servieren.

Nudeln Alfredo

♦ *Kohlenhydrate | Zubereitungszeit: 30 Min.*

Zutaten für 2 Personen
2 EL Pinienkerne
150 g frischer Spinat
1 Zwiebel
150 g frische Champignons
1 EL Olivenöl
Meersalz
etwas frisch geriebene Muskatnuss
160 g Nudeln ohne Ei, z. B. Tagliatelle oder Spaghetti
100 g Schafskäse

1. Die Pinienkerne ohne Fett in einer beschichteten Pfanne kurz rösten.

2. Den Spinat verlesen, putzen und waschen. Die Zwiebel abziehen und fein würfeln. Die Champignons putzen und in Scheiben schneiden.

3. Pilze und Zwiebelwürfel mit dem Öl in einer hochwandigen Pfanne kurz anbraten. Den tropfnassen Spinat hinzufügen und unter Rühren zusammenfallen lassen. Mit dem Salz und der frisch geriebenen Muskatnuss würzen.

4. Die Nudeln nach Packungsanweisung in reichlich Salzwasser bissfest garen, dann abgießen und gut abtropfen lassen. Die Nudeln mit dem Spinat vermischen.

5. Den Schafskäse zerbröseln und zusammen mit den Pinienkernen über die Nudeln geben. Heiß servieren.

Penne mit Joghurt-Pesto

♦ *Kohlenhydrate | Zubereitungszeit: 20 Min.*

Zutaten für 2 Personen

160 g Nudeln ohne Ei, z. B. Penne
Meersalz
2 EL Pinienkerne
1 Bund Basilikum
2–3 Knoblauchzehen
2 EL Parmesan
175 g Joghurt
1 EL Olivenöl

1. Die Nudeln nach Packungsanweisung in reichlich Salzwasser bissfest garen, dann abgießen und gut abtropfen lassen.

2. Die Pinienkerne in einer Pfanne ohne Fett kurz rösten. Basilikum waschen, trocknen und die Blättchen von den Stielen zupfen. Den Knoblauch abziehen und grob hacken.

3. Basilikum, 1 EL Parmesan, Joghurt, Olivenöl, Knoblauch, Salz und die Hälfte der Pinienkerne mit dem Mixstab fein pürieren.

4. Die Nudeln in einem Sieb abgießen und mit der Sauce mischen. Mit den restlichen Pinienkernen und Parmesankäse bestreut servieren.

> **Tipp**
> *Essen Sie dazu einen neutralen Salat (siehe Seite 56–61)*

Nudeln mit Paprika und Salami

♦ *Kohlenhydrate | Zubereitungszeit: 25 Min.*

Zutaten für 2 Personen

160 g Nudeln ohne Ei, z. B. Spiralnudeln oder Penne
Meersalz
1 Zwiebel, 1 rote Paprikaschote
60 g Rindersalami
1 kleines Bund Petersilie
1 EL Öl
Pfeffer
1 TL Sambal Oelek
5 EL Sahne
2 Eigelb

1. Die Nudeln nach Packungsanweisung in reichlich Salzwasser bissfest garen.

2. Die Zwiebel abziehen und in Ringe schneiden. Die Paprikaschote waschen, halbieren, putzen und klein würfeln. Die Salami in kleine Würfel schneiden. Petersilie waschen, trocknen und fein hacken.

3. Zwiebel und Paprika in einer beschichteten Pfanne mit dem Öl unter Rühren braten. Die Nudeln dazugeben, mit Pfeffer, Salz und Sambal Oelek würzen und kurze Zeit mitbraten.

4. Die Sahne mit 3 EL Wasser mischen, mit Pfeffer und Salz würzen und mit dem Eigelb verquirlen. Die Eiersahne über die Nudeln gießen und stocken lassen. Mit den Salamiwürfeln und der Petersilie bestreut servieren.

Schinkennudeln
mit Nüssen und Kräutern

♦ *Kohlenhydrate | Zubereitungszeit: 20 Min.*

Zutaten für 2 Personen
2 EL gehackte Nüsse, z. B. Haselnüsse
oder Mandeln
1 EL Sesam
80 g roher Schinken, z. B. Rinder-
oder Putenschinken
1 großes Bund gemischte Kräuter,
z. B. Thymian, Rosmarin, Salbei, Basilikum
1–2 Knoblauchzehen
160 g Tagliatelle (ohne Ei)
Meersalz
1 EL Olivenöl

1. Die gehackten Nüsse zusammen mit dem Sesam in einer Pfanne ohne Fett kurz rösten.

2. Den Schinken in kleine Stücke schneiden. Die Kräuter waschen, trocknen und fein hacken. Den Knoblauch abziehen und sehr fein hacken.

3. Die Nudeln nach Packungsanweisung in reichlich Salzwasser bissfest garen, dann abgießen und gut abtropfen lassen.

4. Das Öl in einer Pfanne erhitzen. Die Kräuter zusammen mit dem Knoblauch darin ganz kurz schwenken. Die heißen Nudeln in die Pfanne und mit den Kräutern mischen. Mit den Nüssen und dem Schinken bestreut servieren.

Nudeln mit feuriger
Paprika-Tomaten-Sauce

♦ *Kohlenhydrate | Zubereitungszeit: 30 Min.*

Zutaten für 2 Personen
400 g vollreife Tomaten
1 rote Paprikaschote
2–3 Knoblauchzehen
1 Zweig frischer Rosmarin
1–2 TL getrockneter Thymian
1 EL Olivenöl, Meersalz
1–3 TL Sambal Oelek
15 frische Basilikumblättchen
160 g Nudeln ohne Ei (z. B. Makkaroni)
12 grüne Oliven

1. Die Tomaten häuten und entkernen. Die Paprikaschote halbieren, putzen, waschen und in Würfel schneiden.

2. Den Knoblauch abziehen und in Scheibchen schneiden. Die Rosmarinnadeln fein hacken. Die Paprikawürfel mit dem Knoblauch, Thymian und Rosmarin und Öl in einer Pfanne sanft braten. Abkühlen lassen.

3. Tomaten und Paprikagemüse mit dem Mixstab pürieren. Die Sauce mit Salz und Sambal Oelek herzhaft abschmecken. Die Hälfte der Basilikumblättchen fein hacken und unter die Tomatensauce rühren.

4. Die Nudeln nach Packungsanweisung in reichlich Salzwasser bissfest garen. Zusammen mit der Sauce, den Oliven und den restlichen Basilikumblättchen servieren.

Asianudeln mit Gemüse-Kokos-Sauce (Foto)

♦ *Kohlenhydrate | Zubereitungszeit: 20 Min.*

Zutaten für 2 Personen
2 EL Kokosraspeln
100 g Zuckerschoten
150 ml Gemüsebrühe
1 kleine Zwiebel
1 kleines Stück Ingwer, walnussgroß
3 mittelgroße Möhren
1 EL Butter
200 ml ungesüßte Kokosmilch
1 EL gelbe Currypaste
1 Msp. Cayennepfeffer, Meersalz
1 TL Ahornsirup oder Honig
120 g feine Reisnudeln

1. Die Kokosraspeln in einer Pfanne ohne Fett kurz rösten. Die Zuckerschoten waschen, putzen und in der Gemüsebrühe in 4 bis 5 Minuten bissfest garen. Zwiebel und Ingwer schälen und fein würfeln. Möhren waschen, putzen und in Würfel schneiden.

2. Zwiebel, Ingwer, Möhren und die Zuckerschoten in einer Pfanne mit der Butter 3 Minuten braten. Kokosmilch dazugießen, mit den Gewürzen und Ahornsirup abschmecken. Nach kurzem Aufkochen 2 Minuten leise kochen lassen.

3. Die Reisnudeln nach Packungsanweisung in reichlich Salzwasser garen, abgießen, dann mit dem Gemüse mischen und mit den Kokosraspeln bestreut servieren.

Shipli mit Chilimöhren und Schafskäse

♦ *Kohlenhydrate | Zubereitungszeit: 25 Min.*

Zutaten für 2 Personen
2 EL Pinienkerne
1/2 rote Chilischote
1 Bund Petersilie
3–4 Möhren
1 EL Butter
160 g Nudeln ohne Ei
(z. B. Shipli oder gedrehte Makkaroni)
Meersalz
80 g Schafskäse (z. B. Feta)

1. Die Pinienkerne ohne Fett in einer beschichteten Pfanne kurz rösten, dann beiseite stellen. Die Chilischote putzen, waschen und in feine Ringe schneiden, die Kerne dabei entfernen. Petersilie waschen, trocknen und fein hacken.

2. Die Möhren waschen, putzen und fein würfeln. Die Butter in einer Pfanne erhitzen und die Möhrenwürfel darin unter Rühren bissfest braten. Chili und Petersilie zugeben und alles verrühren. Anschließend von der Kochstelle nehmen.

3. Die Nudeln nach Packungsanweisung in reichlich Salzwasser bissfest garen, dann abgießen und abtropfen lassen. Die Nudeln mit den Möhren gut vermischen. Den Schafskäse darüber bröseln und mit den Pinienkernen bestreuen.

Majorannudeln
mit Zwiebeln und Käse

◆ *Kohlenhydrate | Zubereitungszeit: 20 Min.*

Zutaten für 2 Personen
160 g Nudeln ohne Ei, z. B. Spiral- oder
Hörnchennudeln
Meersalz
3 Zweige frischer Majoran
1 große Gemüsezwiebel
1–2 EL feines Weizenvollkornmehl
1 ½ EL Öl, Pfeffer
3 EL geriebener Greyerzer Käse
2 große Paprikaschoten

1. Die Nudeln nach Packungsanweisung in
   reichlich Salzwasser bissfest garen. Den Majoran waschen, trocknen und die Blättchen von
   den Stielen zupfen.

2. Die Zwiebel abziehen, in dünne Ringe schneiden und im Mehl wenden. Die Zwiebelringe
   mit dem Öl in einer beschichteten Pfanne
   erhitzen und die Zwiebelringe darin unter
   Rühren braun braten. Die Nudeln dazugeben, mit Pfeffer und Salz würzen und alles
   kräftig anbraten.

3. Den Käse darüberstreuen und die Pfanne mit
   einem Deckel verschließen. Bei geringer Hitze den Käse schmelzen lassen.

4. Die Paprikaschoten waschen, halbieren,
   Trennwände und Kerne entfernen und die
   Schotenhälften in breite Streifen schneiden.
   Zusammen mit den Nudeln servieren.

Käsespätzle
mit Zwiebeln und Salbei

◆ *Kohlenhydrate | Zubereitungszeit: 30 Min.*

Zutaten für 2 Personen
2 Eigelb, Meersalz
100 g feines Dinkelvollkornmehl
1 TL Gemüsebrühe (instant)
100 g geriebener Emmentaler Käse
Pfeffer, 2 TL Butter
15 frische Salbeiblättchen
1 große Gemüsezwiebel, 1 EL Öl

1. Das Eigelb mit 100 ml Wasser und Salz verquirlen. Das Mehl unterrühren. Reichlich
   Wasser mit der Gemüsebrühe zum Kochen
   bringen. Den Spätzleteig portionsweise auf
   ein kleines Holzbrett geben. Ein stumpfes
   Messer in das kochende Wasser tauchen und
   den Teig damit in feinen Streifen in das Wasser schaben.

2. Die Spätzle kurz ziehen lassen, bis sie an der
   Oberfläche schwimmen. Mit einem Schaum-
   löffel herausheben. Die Spätzle abwechselnd
   mit dem Käse in eine Auflaufform schichten,
   mit Pfeffer und Salz würzen und mit Butterflöckchen belegen. Im Backofen bei 180 °C
   10 Minuten überbacken.

3. Den Salbei waschen. Die Zwiebel abziehen
   und in Ringe schneiden. Zwiebelringe und
   Salbeiblättchen mit dem Öl in einer Pfanne
   braten. Die Spätzle aus dem Ofen nehmen.
   Zwiebelringe und Salbei darauf verteilen und
   heiß servieren.

Bandnudeln
mit Waldpilzsauce

♦ *Kohlenhydrate | Zubereitungszeit: 25 Min.*

Zutaten für 2 Personen
2 EL getrocknete Pilze (Steinpilze oder Eger-
linge), 300 g gemischte Waldpilze
1 Zwiebel, 1 kleine Möhre und
1 Stück Knollensellerie
1 EL Butter, 200 ml Gemüsebrühe
Pfeffer, Salz, 1 Msp. Muskatnuss
1 EL Öl, 2 TL Kartoffelstärke
2 EL Sahne, 2 EL gehackte Petersilie
160 g schmale Bandnudeln (ohne Ei)

1. Die getrockneten Pilze in warmem Wasser
10 Minuten einweichen. Die frischen Pilze
säubern und in schmale Streifen schneiden.

2. Zwiebel abziehen und hacken. Möhre und
Sellerie putzen und in Würfel schneiden.
Gemüsewürfel mit der Butter anbraten. Brühe dazugießen, mit Gewürzen abschmecken
und 10 Minuten köcheln lassen. Alles durch
ein Sieb geben, die Brühe dabei auffangen.

3. Die frischen Pilze in einer Pfanne mit dem
Öl anbraten. Mit der aufgefangenen Brühe
löschen. Die eingeweichten Pilze zusammen
mit dem Einweichwasser dazugeben und aufkochen lassen. Die in 6 EL kaltem Wasser
aufgelöste Stärke einrühren. Sahne unterrühren, die Sauce mit der Petersilie bestreuen.

4. Die Nudeln in reichlich Salzwasser bissfest
garen und mit der Pilzsauce servieren.

Nudel-Brokkoli-Gratin
mit Pilzen

♦ *Kohlenhydrate | Zubereitungszeit: 20 Min.
Backzeit: 15 Min.*

Zutaten für 2 Personen
160 g Nudeln ohne Ei (z. B. Spiralnudeln)
Meersalz, 350 g Brokkoli, 1 Zwiebel
200 g Champignons, 1 EL Öl
6 EL Sahne, 1 TL Gemüsebrühe
1 Msp. Cayennepfeffer
1 TL getrockneter Oregano
100 g geriebener Greyerzer Käse

1. Die Nudeln nach Packungsanweisung in
reichlich Salzwasser bissfest garen. Etwa 8 bis
10 EL Nudelwasser beiseite stellen.

2. Den Brokkoli waschen, putzen und in kleine
Röschen teilen. Die Stiele schälen und in kleine Stücke schneiden. Das Gemüse in kochendem Salzwasser 5 Minuten garen.

3. Die Zwiebel abziehen und in Würfel schneiden. Die Champignons putzen und in Scheiben schneiden. Zwiebeln und Pilze in einer
Pfanne mit dem Öl braten. Brokkoli dazugeben und kurz mitbraten lassen.

4. Die Nudeln mit dem Gemüse in einer Auflaufform verteilen. Die Sahne mit dem
Nudelwasser mischen und mit der Gemüsebrühe, Cayennepfeffer und dem Oregano
würzen. Die Sauce über den Auflauf gießen
und mit dem Käse bestreuen. Im Backofen
bei 175 °C etwa 15 Minuten überbacken.

85

Kartoffeln

*Probieren Sie die neuen Kartoffelgerichte –
sie sind alle köstlich und denkbar einfach
in der Zubereitung. Falls Sie wenig Zeit
haben, kochen Sie doch gleich die doppelte
Menge an Pellkartoffeln, dann können Sie
diese am nächsten Tag z. B. in ein Gratin
verwandeln.*

Die schlanke Knolle – vitaminreich und bekömmlich

Schon lange ist bekannt, dass Kartoffeln zur Schonkost zählen. Sie sind magenfreundlich, wirken säurebindend und verdauungsfördernd. Außerdem sind die Knollen reich an B-Vitaminen, sie enthalten wertvolles Vitamin C und sind reich an Magnesium, Eisen und Folsäure.

Kartoffeln sind eine ideale Schlankheitskost, da sie durch ihren hohen Kaliumanteil entwässernd wirken. Dennoch schrumpft der Kartoffelverzehr bei uns von Jahr zu Jahr. Wurden nach dem Krieg pro Kopf noch jährlich durchschnittlich etwa 190 Kilogramm Kartoffeln gegessen, sind es heute nur noch etwa 70 Kilogramm, und diese werden fast zur Hälfte in Form von Pommes frites oder Chips verzehrt, die reich an ungesunden Transfettsäuren sind. Im natürlichen Zustand gegessen und kombiniert mit neutralen Lebensmitteln, führen Kartoffeln nicht zu Übergewicht. Erst zusammen mit einem Übermaß an Fett und kombiniert mit konzentrierten Eiweißen wird die Kartoffel zum »Dickmacher«.

Wenn Sie gerne Kartoffelgerichte essen, aber nicht so genau wissen, was im Sinne der Trennkost alles zur Kartoffel passt, finden Sie hier einige Vorschläge.

Kartoffeln zählen zur Kohlenhydratgruppe

Da Kartoffeln reich an Kohlenhydraten sind, können folgende Lebensmittel mit ihnen kombiniert werden:

- Alle Blattsalate, Gemüsesorten, Knollen, Rüben, Kohl, Pilze und Nüsse aus der Gruppe der Neutralen (Kombis)
- säurearmes Obst, z. B. Bananen, Datteln, Feigen, Trockenobst, mürbe Äpfel und Heidelbeeren
- Butter, Öl, Mayonnaise aus hochwertigen Ölen, Margarine aus ungehärteten Fetten
- Eigelb
- süße und saure Sahne, Buttermilch, Kefir, Joghurt, Trinksauermilch, Quark (Fettstufe spielt keine Rolle) und alle Käsesorten aus der neutralen Gruppe
- roher Fisch und rohes Fleisch wie z. B. Matjes, Kaviar, gebeizter Lachs, Tatar, roher Schinken, Salami.

Bei den Kräutern und Gewürzen, die zu Kartoffelgerichten passen, haben Sie eine reiche Auswahl. Hier eignen sich Bärlauch, Brunnenkresse, Curry, Dill, Ingwer, Kerbel, Knoblauch, Kräuter der Provence, Kurkuma, Liebstöckel, Lorbeerblätter, Majoran, Nelke, Oregano, Petersilie, Rosenpaprika, Rosmarin, Rucola, Safran, Sambal Oelek, Sauerampfer, Schnittlauch, Thymian, Wacholderbeeren oder auch Zwiebeln.

Kochen Sie die doppelte Menge an Pellkartoffeln und bereiten Sie aus der Hälfte davon Bratkartoffeln, Kartoffelsalat oder ein Gratin zu. Bei Folienkartoffeln können Sie zur Verkürzung der Backzeit vorgekochte Kartoffeln verwenden. Kartoffelbrei sollten Sie nicht mit Milch, sondern mit dem Kochwasser und mit etwas süßer Sahne verfeinern.

Omas Kartoffelsalat mit Lachs

♦ *Kohlenhydrate | Zubereitungszeit: 30 Min.*

Zutaten für 2 Personen
400 g festkochende Kartoffeln
1 kleine Zwiebel
1 kleines Bund Schnittlauch
1/8 l Gemüsebrühe
1 TL Kartoffelstärke
2 EL Obstessig
1 EL Öl
Pfeffer, Meersalz
4 EL saure Sahne
2 TL Meerrettich aus dem Glas
150 g gebeizter Lachs in dünnen Scheiben

1. Die Kartoffeln in der Schale gar kochen, pellen und in dünne Scheiben schneiden. Die Zwiebel abziehen, fein würfeln und mit den Kartoffelscheiben mischen. Den Schnittlauch waschen und in Röllchen schneiden.

2. Die Gemüsebrühe in einem Topf erhitzen. Die Kartoffelstärke in 5 EL kaltem Wasser auflösen, mit dem Schneebesen in die Gemüsebrühe rühren und alles einmal aufkochen lassen. Mit Essig, Öl, Pfeffer und Salz würzen. Den Kartoffelsalat mit dem Dressing vermischen und mit den Schnittlauchröllchen bestreuen.

3. Die saure Sahne mit dem Meerrettich und Salz verrühren. Den Kartoffelsalat zusammen mit dem Lachs und der Meerrettichsahne servieren.

Pellkartoffeln mit Kümmelquark und Radieschen

♦ *Kohlenhydrate | Zubereitungszeit: 30 Min.*

Zutaten für 2 Personen
400 g kleine Kartoffeln
250 g Quark (20 % Fett i.Tr.)
3 EL Mineralwasser
1 TL Kümmel
Meersalz
1 TL rosa Pfefferkörner
1 Bund Schnittlauch
1 großes Bund Radieschen

1. Die Kartoffeln in der Schale in 25 Minuten gar kochen.

2. In der Zwischenzeit den Quark mit dem Mineralwasser verrühren. Den Kümmel mit dem Salz und den Pfefferkörnern in einem Mörser grob zerstoßen, unter den Quark mischen und den Kümmelquark kurze Zeit durchziehen lassen.

3. Den Schnittlauch waschen, trocknen und in Röllchen schneiden. Die Radieschen putzen, waschen und in Scheiben schneiden.

4. Die Kartoffeln abgießen und pellen. Zusammen mit dem Kümmelquark und den Radieschen auf Tellern anrichten. Mit dem Schnittlauch bestreut servieren.

Überbackener Kartoffelbrei mit Brokkoli und Käse

(Foto S. 86)

♦ *Kohlenhydrate | Zubereitungszeit: 30 Min. Backzeit: 20 Min.*

Zutaten für 2 Personen
400 g Kartoffeln, Meersalz
2 EL Sahne
1 Msp. Muskatnuss
600 g Brokkoli
120 g saure Sahne
120 g geriebener Greyerzer Käse

1. Die Kartoffeln schälen, in kleine Würfel schneiden, mit Salzwasser knapp bedecken und zugedeckt in 20 bis 25 Minuten weich kochen. Anschließend im eigenen Kochwasser stampfen.

2. Die Sahne unterrühren und mit Salz und Muskatnuss fein würzen.

3. Den Brokkoli waschen, putzen und in kleine Röschen teilen. Die Stiele schälen und in kleine Stücke schneiden. Beides in kochendem Salzwasser 5 bis 8 Minuten bissfest garen, herausnehmen und abtropfen lassen. Den Backofen auf 175 °C vorheizen.

4. Den Kartoffelbrei in eine feuerfeste Form geben, die saure Sahne gleichmäßig darauf verteilen und mit dem Gemüse bedecken. Mit den Käseraspeln bestreuen und im Backofen 15 bis 20 Minuten überbacken.

Kartoffeln Lyoner Art

♦ *Kohlenhydrate | Zubereitungszeit: 10 Min. Backzeit: 50 Min.*

Zutaten für 2 Personen
1 große Gemüsezwiebel, 400 g Kartoffeln
1 EL Butter, 1 EL Öl
Pfeffer, Meersalz
3 kleine Rosmarinzweige
100 g geraspelter Greyerzer Käse

1. Die Zwiebel abziehen und in dünne Ringe schneiden. Die Kartoffeln schälen und in dünne Scheiben schneiden.

2. Butter und Öl in einer Pfanne erhitzen und die Zwiebel darin unter Rühren braun braten. Den Backofen auf 180 °C vorheizen.

3. Kartoffelscheiben und Zwiebeln abwechselnd dachziegelartig in eine flache Auflaufform schichten. Mit Pfeffer und Salz würzen und die Rosmarinzweige dazwischenlegen. Alles mit Alufolie abdecken und im Backofen etwa 35 bis 40 Minuten backen.

4. Dann die Folie entfernen und den Käse darüber verteilen. Im Backofen weitere 10 Minuten backen, bis der Käse leicht gebräunt ist.

> **Tipp**
> *Essen Sie dazu einen neutralen Salat (siehe Seiten 56–61)*

Rösti mit Eiersahne und Tomatensalat (Foto)

◆ *Kohlenhydrate | Zubereitungszeit: 25 Min.*

Zutaten für 2 Personen
400 g Pellkartoffeln vom Vortag
1 große Zwiebel, 2 EL Butter
Pfeffer, Meersalz, 5 EL Sahne, 2 Eigelb
600 g Tomaten, 1 kleines Bund Basilikum
2 EL alter Balsamico-Essig, 1 EL Öl

1. Die Pellkartoffeln schälen und auf einer groben Rohkostreibe in Stäbchen raspeln. Die Zwiebel abziehen und hacken.

2. Die Hälfte der Zwiebelwürfel in einer Pfanne mit der Butter glasig dünsten. Die Kartoffelstäbchen zugeben, mit Pfeffer und Salz würzen und alles knusprig braten.

3. Die Sahne mit 4 EL Wasser, Pfeffer und Salz mischen und mit dem Eigelb verquirlen. Die Eiersahne über die Kartoffeln gießen, alles zu einem Kuchen zusammenschieben und stocken lassen.

4. Die Tomaten waschen und in Scheiben schneiden. Basilikum waschen, trocknen und hacken.

5. Tomatenscheiben und restliche Zwiebelwürfel mit Pfeffer und Salz würzen. Essig und Öl darüberträufeln und mit dem Basilikum bestreuen. Zusammen mit der Rösti servieren.

Tipp
Mit gebeiztem Lachs (siehe Seite 172) serviert, sind Rösti ein Festessen.

Kartoffelburger mit Matjes

♦ *Kohlenhydrate | Zubereitungszeit: 35 Min.*

Zutaten für 2 Personen
4 mittelgroße neue Kartoffeln
1 kleine Zwiebel
Meersalz
2 EL Obstessig
1 großer mürber Apfel
4 Salatblätter
8 EL Sahnejoghurt
4 Matjesfilets
4 Dillzweige

1. Die Kartoffeln waschen und mit Schale in 25 Minuten garen.

2. Die Zwiebel abziehen und in Ringe schneiden. Diese in eine kleine Schüssel geben, salzen, mit Essig beträufeln und kurze Zeit ziehen lassen. Anschließend gut ausdrücken.

3. Den Apfel waschen, vierteln, entkernen und in dünne Spalten schneiden. Die Salatblätter putzen, waschen und trocknen.

4. Die Kartoffeln abgießen, leicht auskühlen lassen und der Länge nach halbieren. Die unteren Kartoffelhälften mit dem Joghurt bestreichen. Mit je einem Salatblatt und 2 Apfelspalten belegen. Die Matjesfilets darauf verteilen und mit den Zwiebelringen belegen.

5. Die Kartoffelburger mit Dill garnieren und die restlichen Kartoffelhälften obenauf setzen. Mit den übrigen Apfelspalten servieren.

Avocado-Käse-Creme
mit Bratkartoffeln

♦ *Kohlenhydrate | Zubereitungszeit: 20 Min.*

Zutaten für 2 Personen
1 reife Avocado
1 Zweig frischer oder
1 TL getrockneter Thymian
120 g cremiger Schafs- oder Ziegenkäse
175 g griechischer Joghurt, Pfeffer, Meersalz
1 Knoblauchzehe
400 g gekochte Pellkartoffeln vom Vortag
1 ½ EL Olivenöl

1. Die Avocado halbieren, entsteinen, das Fruchtfleisch mit einem Löffel herausnehmen und mit einer Gabel fein zerdrücken. Den Thymian waschen, trocknen und die Blättchen von den Stielen zupfen.

2. Den Käse zerbröseln und zusammen mit dem Joghurt und Thymian unter das Avocadomus mischen. Mit Salz und Pfeffer würzen. Nach Belieben gepressten Knoblauch dazugeben.

3. Die Kartoffeln pellen und in kleine Würfel schneiden. Das Öl in einer beschichteten Pfanne erhitzen und die Kartoffeln darin knusprig braten. Mit Pfeffer und Salz würzen. Die Bratkartoffeln zusammen mit der Avocado-Käse-Creme servieren.

Bratkartoffeln
mit Bohnen und Ziegenkäse

♦ *Kohlenhydrate | Zubereitungszeit: 35 Min.*

Zutaten für 2 Personen
600 g grüne Bohnen
Meersalz
1 große Zwiebel
3 EL Öl
400 g Kartoffeln vom Vortag
Pfeffer
1 TL Kräuter der Provence
150 g Ziegenfrischkäse

1. Die Bohnen waschen, putzen und in etwa 3 cm lange Stücke schneiden. Die Bohnen in kochendes Salzwasser geben und in 12 bis 15 Minuten bissfest garen. Das Gemüse aus dem Wasser nehmen.

2. Die Zwiebel abziehen und in Ringe schneiden. Die Zwiebelringe mit 1 EL Öl in einer Pfanne anbraten.

3. Die Kartoffeln pellen und in 1 cm große Würfel schneiden. Das restliche Öl in einer weiteren Pfanne erhitzen und die Kartoffelwürfel darin bei starker Hitze knusprig braten. Mit Pfeffer, Salz und Kräutern der Provence würzen.

4. Die Bohnen unter die Kartoffeln mischen. Den Käse auf die Kartoffeln bröseln und leicht anschmelzen lassen. Mit den Zwiebelringen garniert servieren.

Kartoffelgratin mit Apfel

♦ *Kohlenhydrate | Zubereitungszeit: 30 Min. Backzeit: 15 Min.*

Zutaten für 2 Personen
400 g Kartoffeln
1 Zwiebel, 1 mürber Apfel
1 EL Öl, 5 EL Sahne
180 ml Gemüsebrühe
Pfeffer, Meersalz
je 1 TL fein gehackter Rosmarin
und Thymian
100 g geriebener Greyerzer Käse
1 kleiner Zweig Rosmarin

1. Die Kartoffeln waschen und mit Schale in 20 bis 25 Minuten garen, pellen und in Scheiben schneiden.

2. Die Zwiebel abziehen und in Ringe schneiden. Den Apfel waschen, schälen, vierteln, entkernen und die Viertel in dünne Spalten schneiden. Zwiebelringe und Apfelspalten in einer Pfanne mit dem Öl braten. Den Backofen auf 180 °C vorheizen.

3. Die Kartoffelscheiben in eine Auflaufform geben, Zwiebeln und Apfelspalten darüberschichten.

4. Die Sahne mit der Gemüsebrühe aufkochen lassen. Mit Pfeffer, Salz, Rosmarin und Thymian würzen. Die Hälfte vom Käse in die Sauce rühren. Die Sauce über den Auflauf gießen und mit dem restlichen Käse bestreuen. Im Backofen 15 Minuten überbacken. Mit Rosmarin garniert servieren.

Italienische Käse-Kartoffel-Pfanne

♦ *Kohlenhydrate | Zubereitungszeit: 25 Min.*

Zutaten für 2 Personen
1 Zwiebel
1 rote Paprikaschote
1 Zweig frischer Rosmarin
2 EL Thymianblättchen
400 g Kartoffeln
2 EL Olivenöl
Pfeffer aus der Mühle, Meersalz
3 EL Sahne
2 EL geriebener Parmesankäse
125 g Mozzarella
3 EL gehackte Petersilie

1. Die Zwiebel abziehen und würfeln. Die Paprikaschote längs halbieren, putzen, Schotenhälften waschen und in Würfel schneiden. Rosmarin und Thymian hacken.

2. Die Kartoffeln waschen, schälen, in Scheiben schneiden und trockentupfen.

3. Die Kartoffelscheiben in einer Pfanne mit dem Öl anbraten. Zwiebel- und Paprikawürfel zugeben und mit Pfeffer, Salz und den Kräutern würzen.

4. Sahne und 5 EL Wasser mischen, den Parmesan unterrühren und alles über die Kartoffeln gießen. Den Mozzarella in kleinen Stückchen obenauf setzen. Das Kartoffelgericht zugedeckt in etwa 10 Minuten fertig garen lassen. Mit der Petersilie bestreut servieren.

Bouillonkartoffeln mit Crème fraîche (Foto)

♦ *Kohlenhydrate | Zubereitungszeit: 30 Min.*

Zutaten für 2 Personen

400 g Kartoffeln, 2 Frühlingszwiebeln
4 Möhren, 1 kleines Stück Knollensellerie
1 EL Butter, 700 ml Gemüsebrühe, Pfeffer
Meersalz, 1–2 TL getrockneter Majoran
1 Bund Petersilie, 2 EL Crème fraîche

1. Die Kartoffeln schälen und grob würfeln. Die Frühlingszwiebeln waschen. Das Grün in Röllchen, die weißen Zwiebeln in kleine Würfel schneiden. Die Möhren waschen, putzen und würfeln. Den Sellerie waschen, schälen und in kleine Stückchen schneiden.

2. Die Kartoffeln mit der Butter in einem Topf unter Rühren anbraten. Zwiebel-, Möhren- und Selleriewürfel dazugeben und unter Rühren weitere 5 Minuten braten. Die Gemüsebrühe angießen, mit Pfeffer, Salz und Majoran würzen und zugedeckt etwa 15 Minuten leise kochen lassen.

3. Petersilie waschen, trocknen und fein hacken. Die Bouillonkartoffeln in zwei Suppenteller geben. Dick mit der Petersilie bestreuen und mit je einem Klecks Crème fraîche verfeinern.

Tipp
Statt Majoran können Sie auch Oregano verwenden, da diese beiden Kräuter in enger Verwandtschaft zueinander stehen.

Überbackene Ofenkartoffeln

♦ *Kohlenhydrate | Zubereitungszeit: 30 Min.*

Zutaten für 2 Personen
2 große Kartoffeln à 200 g, 2 EL Sahne
Meersalz, 10 g Butter, 1 Zwiebel
250 g Champignons, 1 EL Öl
1 EL Dinkelvollkornmehl
75 ml Gemüsebrühe
1 TL frisch gehackter Rosmarin, Pfeffer
60 g Greyerzer oder Allgäuer Emmentaler

1. Die Kartoffeln waschen und mit Schale in 25 Minuten garen, dann leicht auskühlen lassen.

2. Die Kartoffeln der Länge nach halbieren. Die Hälften aushöhlen, so dass ein etwa $\frac{1}{2}$ cm breiter Rand bleibt. Das ausgehöhlte Fruchtfleisch zusammen mit der Sahne, 2 EL Wasser und Salz mit einer Gabel fein zerdrücken. Die Masse in eine Auflaufform geben und mit kleinen Butterflöckchen belegen.

3. Die Zwiebel abziehen und hacken. Die Pilze säubern und in Würfel schneiden. Die Zwiebeln mit dem Öl in einer Pfanne dünsten.

4. Die Champignons dazugeben und unter Rühren 3 Minuten braten. Das Mehl darüber streuen, mit der Brühe ablöschen und aufkochen lassen. Mit Rosmarin, Pfeffer und Salz würzen.

5. Kartoffelhälften mit Pilzmasse füllen und mit Käse belegen. Die gefüllten Kartoffeln auf das gewürzte Fruchtfleisch setzen und im Backofen bei 200 °C 15 Minuten überbacken.

Reis & Getreide

Der Trend zum vegetarischen Essen setzt sich immer mehr durch. Feinwürzig abgeschmeckte Reis- oder Getreidegerichte mit Nüssen, Früchten oder Gemüse werden auch ohne Fleischzugabe jeden begeistern. Probieren Sie die Rezepte einfach aus!

Vitalstoffreiches Korn – der ideale Stärkelieferant

Naturreis und vollwertiges Getreide verfügen neben einem hohen Gehalt an Ballaststoffen über einen Reichtum an Vitaminen, Mineralstoffen und Spurenelementen, die besonders gut für Herz, Gehirn, Nerven, Haut und Stoffwechsel sind.

Der wertvolle Keimling des Reis- oder Getreidekorns hat es in sich, denn er liefert neben Kupfer, Eisen, Chrom und Magnesium die lebenswichtigen Vitamine der B-Gruppe und Vitamin E. Auch sättigt das volle Korn viel schneller als Auszugsmehle und hält somit den Blutzucker auf einem gleichmäßigen Stand. Dies verhindert eine Unterzuckerung – und die gefürchtete Heißhungerattacke als Folge davon.

Unter den Getreidesorten hat die Hirse einen besonderen Stellenwert, da sie als Basenbildner für eine leichte Verdauung und ein besseres Wohlbefinden sorgt. Hirse ist außerdem reich an Fluor, Eisen und Kieselsäure, die Zähne, Knochen, Knorpel, Bindegewebe, Haut, Haare und Fingernägel stärken. Besonders wertvoll ist sie für Getreideallergiker, weil sie keinen Kleber enthält.

Für Reis- und Getreidegerichte gibt es unzählige Variationsmöglichkeiten, von denen Sie im folgenden Kapitel einige kennenlernen werden.

Was passt zu Reis und Getreide?

Reis und Getreide zählen als Stärkelieferanten zur Kohlenhydratgruppe und sind nach den Regeln der Trennkost kombinierbar mit allen Blattsalaten, Gemüsesorten, Knollen, Rüben, Kohl, Pilzen, Oliven und Nüssen aus der Gruppe

Hirse sollte immer zuerst heiß gewaschen werden, da sie sonst eventuell bitter oder leicht ranzig schmecken kann. Für das Grundrezept nehmen Sie einen Teil Hirse und vier Teile Wasser. Hirse kann, genauso wie Reis oder Getreide, süß oder pikant zubereitet werden.

der Kombis (siehe Seite 39–41). Sehr gut passen sie auch zu säurearmem Obst wie z. B. Bananen, Datteln, Feigen, Trockenobst, mürben Äpfeln und Heidelbeeren.

Bedenkenlos können Sie Reis- und Getreidegerichte auch mit Butter, Öl, Mayonnaise aus hochwertigen Ölen, Margarine aus ungehärteten Fetten, Eigelb, süßer und saurer Sahne, Buttermilch, Kefir, Joghurt, Sauermilch, Quark und allen Käsesorten aus der neutralen Gruppe kombinieren. Ebenso gut verträglich sind Reis und Getreide auch mit rohem Fisch und rohem Fleisch wie z.B. Matjes oder Tatar.

Welche Kräuter und Gewürze sind empfehlenswert?

Mit einer Vielzahl von Kräutern und Gewürzen können Sie wunderbare Reis- und Getreidegerichte zaubern: Ahornsirup, Bärlauch, Brunnenkresse, Curry, Dill, Honig, Ingwer, Kardamom, Kerbel, Knoblauch, Kräuter der Provence, Kurkuma, Liebstöckel, Lorbeerblätter, Majoran, Nelke, Oregano, Petersilie, Rosenpaprika, Rosinen, Rosmarin, Rucola, Safran, Sambal Oelek, Sauerampfer, Schnittlauch, Thymian, Wacholderbeeren, Worcestersauce, Zimt, Zwiebeln.

Reissalat
mit Putenlachsschinken

♦ *Kohlenhydrate | Zubereitungszeit: 20 Min.*

Zutaten für 2 Personen
120 g Parboiled Vollkornreis
Meersalz
200 g gewürfelte Möhren (TK)
200 g Erbsen (TK)
100 g roher Putenlachsschinken
1 EL Obstessig
1 EL Öl
2 EL saure Sahne
1 kleines Bund gemischte Kräuter, z. B. Kerbel, Koriander oder Petersilie

1. Den Reis in einen Topf geben, mit leicht gesalzenem Wasser gut bedecken, einmal aufkochen lassen und zugedeckt bei schwacher Hitze 10 bis 12 Minuten garen lassen.

2. Möhren und Erbsen in wenig leicht gesalzenem Wasser bissfest dünsten. Den Schinken in kleine Streifen schneiden.

3. Reis und Gemüse aus dem Wasser nehmen, gut abtropfen lassen und zusammen mit dem Schinken in einer Schüssel mischen.

4. Aus Essig, Öl, Sahne, Salz und Kräutern eine Sauce rühren und mit dem Reis vermischen.

Curryreis mit Früchten

♦ *Kohlenhydrate | Zubereitungszeit: 20 Min.*

Zutaten für 2 Personen
120 g Parboiled Vollkornreis
Meersalz
2 EL Rosinen
2 EL Pinienkerne
1 rote Zwiebel
1 mürber Apfel
2 kleine reife Bananen
2 EL Butter, 1–2 TL Curry
1 Msp. Cayennepfeffer

1. Den Reis in einen Topf geben, mit gesalzenem Wasser gut bedecken, aufkochen lassen und zugedeckt bei schwacher Hitze 10 bis 12 Minuten garen lassen.

2. Die Rosinen in heißem Wasser 5 Minuten quellen lassen, dann das Wasser abgießen. Die Pinienkerne in einer Pfanne goldgelb rösten, dann herausnehmen und beiseite stellen.

3. Die Zwiebel schälen und würfeln. Den Apfel waschen, vierteln, entkernen und in kleine Würfel schneiden. Die Bananen schälen und in Scheiben schneiden.

4. Die Zwiebel- und Apfelwürfel in einer Pfanne mit der Butter unter Rühren leicht bräunen. Reis, Rosinen und Bananen untermischen. Mit Curry, Salz und Cayennepfeffer würzen und mit den Pinienkernen bestreut servieren.

Gemüsereis
mit Sprossen (Foto S. 96)

♦ *Kohlenhydrate | Zubereitungszeit: 25 Min.*

Zutaten für 2 Personen
120 g Parboiled Vollkornreis
Meersalz
150 g Austernpilze
2 Frühlingszwiebeln
1 große rote Paprikaschote
4 EL Sprossen, z. B. Mungobohnen
1 EL Öl, Pfeffer
einige Spritzer Worcestersauce

1. Den Reis in einen Topf geben, mit gesalzenem Wasser gut bedecken, aufkochen lassen und zugedeckt bei schwacher Hitze 10 bis 12 Minuten garen lassen.

2. Die Austernpilze putzen und in Streifen schneiden. Die Frühlingszwiebeln putzen und waschen. Das Grün in Röllchen schneiden, die weißen Zwiebeln in kleine Würfel schneiden. Die Paprikaschote längs halbieren, entkernen, die Schotenhälften waschen und in Würfel schneiden. Die Sprossen verlesen und waschen.

3. Frühlingszwiebeln, Paprikawürfel und Austernpilze mit dem Öl in einer Pfanne unter Rühren 4 bis 5 Minuten braten. Den abgetropften Reis unter das Gemüse mischen.

4. Den Gemüsereis mit Pfeffer, Salz und Worcestersauce würzen. Mit den Sprossen bestreut servieren.

Kräuterreis mit Schafskäse

♦ *Kohlenhydrate | Zubereitungszeit: 20 Min.*

Zutaten für 2 Personen
120 g Parboiled Vollkornreis
Meersalz
1 mittelgroßes Bund frische Kräuter,
z. B. Sauerampfer, Petersilie, Kerbel
100 g Schafskäse (z. B. Feta)
2 EL Sahne
125 g griechischer Joghurt
Pfeffer
Kräutersalz

1. Den Reis in einen Topf geben, mit leicht gesalzenem Wasser gut bedecken, einmal aufkochen lassen und zugedeckt bei schwacher Hitze 10 Minuten garen lassen. Die Kräuter waschen, verlesen und fein hacken.

2. Den Schafskäse mit einer Gabel grob zerdrücken. Die Sahne mit dem Joghurt mischen und den Käse unterrühren. Mit Pfeffer und Salz abschmecken und die Kräuter unterziehen.

3. Den Reis aus dem Wasser heben, gut abtropfen lassen. Die kalte Sauce auf den heißen Reis geben und sofort servieren.

Haferbratlinge
mit Brokkolisauce (Foto)

♦ *Kohlenhydrate | Zubereitungszeit: 30 Min.*

Zutaten für 2 Personen
1 kleines Bund gemischte Kräuter, 1 Zwiebel,
1 EL Butter 120 g Haferflocken, 220 ml
Gemüsebrühe, 2 EL Haselnüsse, 1 Eigelb,
2 EL Semmelbrösel, 2 EL Öl, 600 g Brokkoli
2 Zweige Petersilie, 75 g saure Sahne,
175 g Joghurt, Pfeffer, Salz

1. Die Kräuter waschen, trocknen und fein ha-cken. Die Zwiebel abziehen und in feine Würfel schneiden. Die Butter in einer Pfanne erhitzen und die Zwiebelwürfel darin glasig dünsten. Haferflocken und Brühe dazugeben und unter Rühren zu einem dicken Brei kochen.

2. Die Kräuter, die gehackten Nüsse und das Eigelb unterrühren. Aus dem Teig 4 mittel-große Bratlinge formen und diese in den Semmelbröseln wenden. Die Bratlinge in einer Pfanne mit dem Öl von beiden Seiten je 5 bis 7 Minuten braten.

3. Den Brokkoli in kleine Röschen zerteilen und waschen. Die Stiele schälen und in kleine Stücke schneiden.

4. Für die Sauce die Petersilie grob hacken. Zwei Brokkoliröschen mit der Petersilie, der Sahne und dem Joghurt fein pürieren und mit Pfeffer und Salz würzen.

5. Das restliche Gemüse in kochendem Salzwasser ca. 6 bis 8 Minuten bissfest garen, dann herausnehmen und abtropfen lassen. Das Gemüse zusammen mit den Bratlingen und der Sauce servieren.

Allgäuer Käse-Dinkel-Salat

♦ *Kohlenhydrate | Zubereitungszeit: 20 Min. Quellzeit: über Nacht | Garzeit: 25 Min.*

Zutaten für 2 Personen
120 g Dinkelkörner, Meersalz,
100 g Allgäuer Emmentaler Käse am Stück
1 kleine Zwiebel, 1 großer mürber Apfel
1 kleine rote Paprikaschote
6 Walnüsse, 175 g Joghurt
2 EL Crème fraîche
1 EL Obstessig, Kräutersalz, Curry
2 Zweige Petersilie

1. Den Dinkel in einen Topf geben, mit Wasser bedecken und über Nacht quellen lassen. Am nächsten Tag mit frischem, leicht gesalzenem Wasser bedecken. Bei schwacher Hitze in 25 Minuten garen.

2. Den Käse in kleine Würfel schneiden. Die Zwiebel abziehen und fein hacken. Den Apfel waschen, vierteln, entkernen und fein würfeln. Die Paprikaschote der Länge nach halbieren, putzen, waschen und in kleine Würfel schneiden. Die Walnüsse grob hacken.

3. Den Dinkel durch ein Sieb geben und gut abtropfen lassen. Etwas Kochwasser beiseite stellen. Den Käse, Zwiebel, Apfel, Paprika, Nüsse und Dinkel miteinander mischen.

4. Für das Dressing den Joghurt mit Crème fraîche, 2 EL Kochwasser und Essig cremig verrühren. Mit Kräutersalz und Curry würzen. Die Sauce mit dem Dinkelsalat verrühren und mit der Petersilie garnieren.

101

Gemüsebulgur mit Pinienkernen

♦ *Kohlenhydrate | Zubereitungszeit: 25 Min.*

Zutaten für 2 Personen
2 EL Pinienkerne
150 g Bulgur
Meersalz
1 Bund Suppengrün
1 EL Butter
50 ml Gemüsebrühe
2 EL Sojacreme
1–2 TL Curry
2 EL glatte Petersilie, gehackt

1. Die Pinienkerne ohne Fett in einer beschichteten Pfanne kurz rösten, dann beiseite stellen.

2. Den Bulgur in 400 ml kochendes, leicht gesalzenes Wasser geben und bei schwacher Hitze 15 Minuten leise kochen lassen. Den Bulgur beiseite stellen und mit einer Gabel auflockern.

3. Das Suppengrün waschen, putzen und in kleine Würfel schneiden. Die Butter in einer beschichteten Pfanne erhitzen und die Gemüsewürfel darin unter Rühren einige Minuten anbraten. Mit der Brühe löschen und zugedeckt 5 Minuten leise kochen lassen.

4. Den Bulgur und die Sojacreme zum Gemüse geben und alles mit Curry und Salz würzen. Mit den Pinienkernen und der gehackten Petersilie bestreut servieren.

Bulgur orientalisch

♦ *Kohlenhydrate | Zubereitungszeit: 25 Min.*

Zutaten für 2 Personen
2 EL Rosinen
150 g Bulgur
Meersalz
1 kleines Stück Ingwer, haselnussgroß
1 rote Zwiebel
1 mürber Apfel, 1 Banane
1 ½ EL Butter
1 TL Zimtpulver
½ TL Kardamompulver
1 Msp. Cayennepfeffer
1 EL gehackte Mandeln

1. Die Rosinen mit kochendem Wasser übergießen, 5 Minuten ziehen lassen, dann abgießen. Den Bulgur in 400 ml kochendes Salzwasser geben und bei schwacher Hitze 15 Minuten leise kochen lassen.

2. Den Ingwer schälen und fein hacken. Die Zwiebel abziehen, halbieren und in Ringe schneiden. Den Apfel waschen, schälen, vierteln, entkernen und in kleine Würfel schneiden. Die Banane schälen und in Scheiben schneiden.

3. Zwiebelringe und Apfelwürfel in einer beschichteten Pfanne mit der Butter unter Rühren anbraten. Bananenscheiben, Ingwer und Rosinen dazugeben. Den Bulgur untermischen, mit den Gewürzen und Salz abschmecken und das Bulgurgericht mit den gehackten Mandeln bestreut servieren.

Fruchtige Hirse mit Apfel und Banane

♦ *Kohlenhydrate | Zubereitungszeit: 15 Min. Garzeit: 30 Min.*

Zutaten für 2 Personen
100 g Hirse
4 EL Rosinen
2 EL Mandelblättchen
1 großer abgelagerter Apfel
1 EL Butter
2 TL Zimt
Meersalz
1 Msp. Kardamom
1 Banane

1. Die Hirse in einem Sieb unter heißem Wasser abspülen. Anschließend in einen Topf geben, 400 ml Wasser zugießen und zugedeckt 25 bis 30 Minuten leise kochen lassen.

2. Die Rosinen mit kochendem Wasser übergießen, 5 Minuten ziehen lassen, dann das Wasser abgießen. Die Mandelblättchen ohne Fett in einer Pfanne goldgelb rösten.

3. Den Apfel waschen, vierteln, schälen, entkernen und in kleine Würfel schneiden. Die Apfelstücke mit der Butter in einer Pfanne unter Wenden braten.

4. Die abgetropfte Hirse und die Rosinen untermischen, mit Zimt, Salz und Kardamom würzen. Die Banane schälen, in Scheiben schneiden und auf die Apfelhirse legen. Mit Zimt und Mandelblättchen bestreut servieren.

Hirse mit Pilzen und Nüssen

♦ *Kohlenhydrate | Zubereitungszeit: 20 Min. Garzeit: 30 Min.*

Zutaten für 2 Personen
100 g Hirse
400 ml Gemüsebrühe
2 EL Haselnüsse
2 Frühlingszwiebeln
2 Möhren
250 g Pilze, z. B. Champignons, Austernpilze
1 EL Butter
½ TL Nelkenpulver
Pfeffer, Meersalz
2 EL gehackte glatte Petersilie

1. Die Hirse in einem Sieb unter heißem Wasser abspülen. Mit der Gemüsebrühe in einen Topf geben und zugedeckt 25 bis 30 Minuten leicht kochen lassen.

2. Die Haselnüsse in einer Pfanne ohne Fett kurz rösten, anschließend grob hacken.

3. Die Frühlingszwiebel putzen und waschen. Das Grün in Röllchen schneiden, die weißen Zwiebeln in kleine Würfel schneiden. Die Möhren waschen, putzen und fein würfeln. Die Pilze putzen und in Streifen schneiden.

4. Die Zwiebeln mit der Butter in einer Pfanne glasig dünsten. Möhrenwürfel und Pilze zufügen und unter Rühren 10 Minuten braten. Die Hirse unterrühren und mit Nelkenpulver, Pfeffer und Salz würzen. Mit der Petersilie und den Haselnüssen bestreut servieren.

Fleisch & Geflügel

Die bunte Vielfalt an Fleisch- und Geflügel-rezepten in diesem Kapitel zeigt Ihnen nur einen kleinen Ausschnitt dessen, was man mit Fleisch und Beilagen aus Gemüse oder Salat alles zubereiten kann, ohne die Verdauungsorgane unnötig zu belasten.

Fleisch – vielseitig und lecker

Gutes Fleisch aus artgerechter Tierhaltung ist ein wertvolles Nahrungsmittel, das reichlich B-Vitamine und Eisen enthält. Auch wenn Fleisch zu den säurebildenden Nahrungsmitteln zählt, brauchen Sie als Trennköstler weder auf Ihren Sonntagsbraten noch auf Ihr heiß geliebtes Schnitzel zu verzichten.

Wie bei vielen anderen Nahrungsmitteln auch, wirkt sich bei Fleisch erst der übermäßige Konsum negativ auf die Gesundheit aus. Purin, schwer verdauliches Fett sowie ein hoher Cholesteringehalt belasten den Organismus unnötig, wenn Fleisch zu oft auf dem Speiseplan steht. Doch in Kombination mit viel Gemüse und Salaten dürfen Sie sich unbesorgt zwei- bis dreimal in der Woche eine Fleischmahlzeit gönnen.

Viele Kalorienbewusste sind auf den Geschmack von Puten- oder Geflügelwurst gekommen. Zahlreiche Metzgereien bieten fettarme Geflügelsülze, herzhafte Brüh- und Kochwürste, leichte Aspikwaren oder zarten Aufschnitt aus Geflügelfleisch an. Bei der Trennkost zählen diese Produkte zur Eiweißgruppe und können mit Gemüse, Salaten und Rohkost kombiniert werden.

Besonders Schweinefleisch erfreut sich größter Beliebtheit, da es bei der Zubereitung wenig Mühe bereitet und zudem den Geldbeutel nicht übermäßig strapaziert. Trotzdem gibt es viele Fakten, die gegen den Konsum von Schweinefleisch sprechen. Eine Reihe davon finden Sie in dem Ratgeber von Dr. H. Reckeweg (»Schweinefleisch und Gesundheit«), den ich Ihnen empfehlen möchte (siehe Seite 187).

Zu Bratenfleisch mit Sauce passen hervorragend Selleriepüree oder Gemüsearten wie Wirsing, Spinat, Rotkraut, Blumenkohl oder Brokkoli. Kurzbratstücke lassen sich besonders schmackhaft mit frischen Salaten zubereiten.

Womit Sie Fleischgerichte kombinieren können

Fleisch zählt zur Eiweißgruppe und passt, wenn Sie sich trennkostgemäß ernähren, sehr gut zu allen Blattsalaten, Gemüsesorten, Rüben, Kohl, Pilzen und Nüssen aus der Gruppe der Kombis (siehe Seite 39–41). Kombinierbar ist Fleisch auch mit säurereichem frischem Obst wie z. B. Zitrusfrüchten, Beeren oder Stein- und Kernobst. Außerdem ist es gut verträglich mit Butter, Öl, Mayonnaise aus hochwertigen Ölen, Margarine aus ungehärteten Fetten, dem vollen Ei, süßer und saurer Sahne, Milch, Buttermilch, Kefir, Joghurt, Trinksauermilch, Quark (Fettstufe spielt keine Rolle), allen Käsesorten (auch hier spielt der Fettgehalt keine Rolle) sowie allen gekochten oder auch rohen Wurstwaren und Schinken.

Die passenden Gewürze zu Fleisch sind: Bärlauch, Brunnenkresse, Curry, Dill, Essig, Estragon, Ingwer, Kaffir-Zitronenblätter, Kerbel, Knoblauch, Koriander, Kreuzkümmel, Kräuter der Provence, Kümmel, Kurkuma, Liebstöckel, Lorbeerblätter, Majoran, Nelke, Oregano, Petersilie, Rosenpaprika, Rosmarin, Rucola, Safran, Salbei, Sambal Oelek, Sauerampfer, Schnittlauch, Thymian, Wacholderbeeren, Worcestersauce, Zitrone, Zitronenmelisse und Zwiebeln.

Salat Nizza

♦ *Eiweiß* | *Zubereitungszeit: 35 Min.*

Zutaten für 2 Personen
2 Hähnchenbrüste à 150 g
Pfeffer, Meersalz, 1 EL Öl
1 Salatherz, 2 Stauden Chicorée
2 Stange Sellerie
1 kleines Stück Ingwer, 1 große Orange
100 g Joghurt, 80 ml Orangensaft,
frisch gepresst
1 TL Curry, 1 Msp. Chili, Kräutersalz
2 EL gehackte Kräuter, z. B. Koriander, Kerbel oder Petersilie

1. Das Hähnchenfleisch waschen und trockentupfen. Die Hähnchenbrüste mit Pfeffer und Salz würzen und mit dem Öl in einer Pfanne bei mittlerer Hitze von beiden Seiten je 4 bis 5 Minuten braten.

2. Den Salat putzen, waschen, trocknen und in mundgerechte Stücke zerpflücken. Den Chicorée waschen, putzen, vierteln, den mittleren Strunk keilförmig herausschneiden und die Viertel in feine Streifen schneiden.

3. Die Selleriestangen putzen und in Scheibchen schneiden. Den Ingwer schälen und fein hacken. Die Orange schälen und das Fruchtfleisch in kleine Würfel schneiden.

4. Joghurt mit Orangensaft, Curry, Chili, Salz und den Kräutern verrühren. Die Sauce über den Salat gießen und vermischen. Das Hähnchenfleisch quer in Streifen schneiden und noch warm auf dem Salat verteilen.

Hähnchensalat mit Avocado

♦ *Eiweiß* | *Zubereitungszeit: 35 Min.*

Zutaten für 2 Personen
1 Stück Knollensellerie, etwa 150 g
Meersalz, 350 g Hühnerbrust
1 reife Avocado, 100 g Champignons
1 dicke Scheibe frische Ananas
1 kleiner Kopfsalat, 1 EL Zitronensaft
4 EL Fleischbrühe, 1 EL Tomatenmark,
175 g Joghurt, 1 TL Senf, Kräutersalz
Pfeffer, 2 Zweige Petersilie

1. Den Sellerie schälen. Fleisch und Sellerie in Salzwasser gar kochen lassen. Beides herausnehmen, abkühlen lassen und in Würfel schneiden. Etwas Fleischbrühe beiseite stellen.

2. Die Avocado halbieren. Das Fruchtfleisch aus der Schale lösen und in Spalten schneiden. Die Champignons putzen und in Scheiben schneiden. Die Ananas schälen, vom Strunk befreien und in kleine Würfel schneiden.

3. Den Salat putzen, waschen, abtropfen lassen, in mundgerechte Stücke zerpflücken und auf einer Platte anrichten. Die Avocadospalten und Champignonscheiben darauf anrichten und mit dem Zitronensaft beträufeln. Sellerie, Geflügelfleisch und Ananasstücke miteinander mischen und auf den vorbereiteten Salat setzen.

4. 4 EL Fleischbrühe mit dem Tomatenmark, Joghurt, Senf, Salz und Pfeffer cremig verrühren. Das Dressing über den Salat geben und mit der Petersilie garniert servieren.

Marinierte Hähnchenspieße mit Zucchini (Foto S. 104)

♦ *Eiweiß* | *Zubereitungszeit: 25 Min.*
Zeit zum Marinieren: 12 bis 24 Std.

Zutaten für 2 Personen
2–3 Knoblauchzehen, 3 Zweige Petersilie
175 g Joghurt, 3 ½ EL Olivenöl
2 EL abgeriebene Schale einer
unbehandelten Zitrone
1 TL Paprikapulver, edelsüß
Pfeffer, Salz
350 g Hähnchenbrust
600 g Zucchini, 1–2 TL Pizzagewürz

1. Knoblauch abziehen und durch eine Presse drücken. Petersilie waschen, trocknen und fein hacken.

2. Knoblauch mit Joghurt, 2 EL Öl, Petersilie, Zitronenschale, Paprikapulver, Pfeffer und Salz mischen. Das Fleisch kurz waschen, trockentupfen, in lange, dünne Streifen schneiden und in die Marinade legen.

3. Nach 12 bis 24 Stunden das Fleisch aus der Marinade nehmen und wellenartig auf Holzspieße stecken. Die Spieße auf dem Grill von jeder Seite etwa 3 bis 4 Minuten grillen.

4. Die Zucchini waschen, putzen und in Würfel schneiden. Das restliche Öl in einer Pfanne erhitzen und die Zucchiniwürfel darin unter Rühren braten. Mit Pfeffer, Salz und dem Pizzagewürz würzen und mit den Hähnchenspießen servieren.

Hähnchen mit Fenchel aus dem Wok

♦ *Eiweiß* | *Zubereitungszeit: 25 Min.*
Zeit zum Marinieren: 30 Min.

Zutaten für 2 Personen
3 EL helle Sojasauce
1 EL Limettensaft, 1 ½ EL Sesamöl
1 TL Sambal Oelek
300 g Hähnchenbrustfilet
2 EL Rosinen, 1 große Fenchelknolle
2 Orangen, Salz, ½ TL Kardamom

1. Sojasauce mit Limettensaft, Sesamöl und Sambal Oelek verrühren. Fleisch waschen, trockentupfen und in Würfel schneiden. Mit der Marinade mischen und etwa 30 Minuten im Kühlschrank ziehen lassen.

2. Rosinen mit kochendem Wasser übergießen, 5 Minuten ziehen lassen, dann abgießen. Fenchel waschen, putzen, halbieren und den Strunk keilförmig herausschneiden. In feine Streifen schneiden, etwas Fenchelgrün hacken und beiseite stellen. Orangen schälen. Mit einem scharfen Messer die einzelnen Filets herauslösen, den Saft dabei auffangen.

3. Das Fleisch abtropfen lassen, in den heißen Wok geben und 4 Minuten rundum kräftig braten. Das Fleisch an den Rand schieben. Rosinen, Fenchel, Orangenfilets und den Saft in den Wok geben und 3 Minuten unter Rühren braten. Die Hähnchenwürfel unterrühren und alles mit Salz und Kardamom abschmecken. Mit dem Fenchelgrün bestreut servieren.

Gyros-Frikadellen mit Kohlrabigemüse

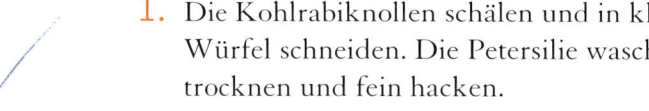

♦ *Eiweiß* | *Zubereitungszeit: 30 Min.*

Zutaten für 2 Personen
3 junge Kohlrabi, 1 kleines Bund Petersilie
1 EL Butter, 100 ml Gemüsebrühe
2 EL saure Sahne, 1 Zwiebel
350 g Rinderhackfleisch, Meersalz, Pfeffer
1–2 TL Gyrosgewürz, 1 EL Öl

1. Die Kohlrabiknollen schälen und in kleine Würfel schneiden. Die Petersilie waschen, trocknen und fein hacken.

2. Das Gemüse mit der Butter in einem Topf zart anbraten. Die Gemüsebrühe dazugießen und im geschlossenen Topf 15 Minuten leise kochen lassen.

3. Für die Frikadellen die Zwiebel abziehen und in feine Würfel schneiden. Das Hackfleisch mit den Zwiebelwürfeln, 2 EL Wasser, Salz, Pfeffer und dem Gyrosgewürz sorgfältig mischen.

4. Aus dem Fleischteig 4 Frikadellen formen. Das Öl in einer Pfanne erhitzen und die Frikadellen darin rundum braun braten.

5. Die saure Sahne unter das Kohlrabigemüse rühren und mit der Petersilie bestreuen. Zusammen mit den Frikadellen servieren.

Tipp
Kohlrabi ist ein sehr vielseitiges Gemüse, das roh und gekocht gegessen werden kann.

Putengeschnetzeltes
mit Blumenkohl

♦ *Eiweiß | Zubereitungszeit: 25 Min.*

Zutaten für 2 Personen
300 g Putenschnitzel
1 EL Öl
Pfeffer, Meersalz
1–2 TL Curry
250 ml Gemüsebrühe
20 g Schmelzkäse
1 EL Crème fraîche
1 Blumenkohl
4 EL Sahne

1. Das Fleisch kurz abwaschen, trockentupfen, dann in schmale Streifen schneiden.

2. Das Öl in einer Pfanne erhitzen und das Fleisch darin bei starker Hitze rundum braun anbraten. Mit Pfeffer, Salz und Curry würzen. Mit der Brühe ablöschen und bei schwacher Hitze 10 Minuten leise kochen lassen.

3. Den Schmelzkäse in die Sauce rühren und darin auflösen. Die Sauce mit der Crème fraîche verfeinern.

4. Den Blumenkohl waschen, putzen und in kleine Röschen teilen. Sahne und Blumenkohlröschen in einen Topf mit leicht gesalzenem kochendem Wasser geben und das Gemüse in 12 bis 15 Minuten bissfest garen. Die Röschen aus dem Wasser nehmen und zusammen mit dem Geschnetzelten servieren.

Zwiebelgulasch mit Rahmspinat

♦ *Eiweiß* | *Zubereitungszeit: 30 Min.*
Kochzeit: 1 ¹/₂ Std.

Zutaten für 2 Personen
350 g mageres Rindfleisch
1 große Gemüsezwiebel, 2 reife Tomaten
1 EL ungehärtetes Kokosfett oder Butter-
schmalz, 1–2 EL Paprikapulver edelsüß
2 Msp. Cayennepfeffer, 100 ml Rotwein
400 ml Gemüsebrühe, 600 g Rahmspinat (TK),
Pfeffer, Meersalz, 1 TL getrockneter Thymian

1. Fleisch abwaschen, trockentupfen und in
   Würfel schneiden. Zwiebel abziehen und
   würfeln. Tomaten mit kochendem Wasser
   überbrühen und häuten. Stielansätze herausschneiden, Fruchtfleisch grob würfeln.

2. Fleisch mit dem Fett in einer Pfanne scharf
   anbraten. Die Zwiebelwürfel dazugeben. Mit
   den Gewürzen bestäuben und unter Rühren
   2 Minuten bei starker Hitze braten. Tomaten
   dazugeben und alles mit dem Rotwein
   löschen. Mit Brühe auffüllen und zugedeckt
   etwa 1 ¹/₂ Stunden leise kochen lassen.

3. Den Rahmspinat nach Packungsanweisung
   zubereiten.

4. Fleisch aus der Sauce nehmen und diese mit
   dem Mixstab fein pürieren. Fleisch wieder in
   die Sauce geben, mit Pfeffer, Salz und Thymian abschmecken. Zusammen mit dem
   Rahmspinat servieren.

Saltimbocca klassisch

♦ *Eiweiß* | *Zubereitungszeit: 20 Min.*

Zutaten für 2 Personen
2–3 Zweige frischer Salbei
4 dünne Kalbsschnitzel
Pfeffer, Meersalz
4 Scheiben Rinderschinken
1 ¹/₂ EL Butter

1. Die Salbeiblättchen von den Stielen zupfen,
   kurz waschen und auf Küchenpapier trocknen.

2. Die Schnitzel vorsichtig flach klopfen. Jedes
   Schnitzel mit Pfeffer und Salz würzen, mit
   einer Scheibe Schinken und einem großen
   Salbeiblatt belegen und diese mit Zahnstochern feststecken.

3. Die Butter in einer Pfanne erhitzen und das
   Fleisch darin von jeder Seite etwa 2 bis 3
   Minuten braten. Dann das Fleisch aus der
   Pfanne nehmen und warm halten.

4. Die restlichen Salbeiblättchen im übrig geblie-
   benen Bratfett knusprig braten. Zusammen
   mit den Kalbsschnitzeln servieren.

Tipp
Essen Sie dazu das Selleriepüree (siehe Seite 117) oder einen frischen Salat aus der neutralen Spalte (siehe Seite 40)

Rumpsteak in Rotwein-Pilz-Sauce mit Bohnensalat

♦ *Eiweiß* | *Zubereitungszeit: 35 Min.*

Zutaten für 2 Personen
700 g grüne Bohnen
Meersalz, 1 Zweig Bohnenkraut
1 kleine Zwiebel
1 EL Öl, 1 EL weißer Balsamico
Pfeffer, 250 g Champignons
2 Rumpsteaks
1 EL Butter, 100 ml Rotwein
1 EL Crème fraîche

1. Die Bohnen waschen, putzen und in Stücke schneiden. Salzwasser zum Kochen bringen. Bohnen und Bohnenkraut darin in 12 Minuten bissfest garen. 6 EL Bohnenkochwasser beiseite stellen.

2. Zwiebel abziehen und fein hacken. Aus Öl, Essig, Zwiebelwürfeln, Bohnenwasser, Pfeffer und Salz ein Dressing rühren, die Bohnen damit anmachen.

3. Champignons putzen und in Scheiben schneiden. Fleisch abwaschen und trockentupfen.

4. Pilze mit der Butter in einer Pfanne dünsten, dann herausnehmen. Rumpsteaks in die heiße Pfanne geben und von jeder Seite 2 bis 3 Minuten braten. Wein dazugießen und nochmals 3 Minuten schmoren lassen. Pilze hinzufügen, alles mit Pfeffer und Salz würzen und mit Crème fraîche verfeinern. Mit dem Bohnensalat servieren.

Geschmortes Kalbfleisch mit Brokkoli

♦ *Eiweiß* | *Zubereitungszeit: 20 Min.*
Kochzeit: 1 ½ Std.

Zutaten für 2 Personen
1 große Zwiebel, 200 g Champignons
350 g mageres Kalbfleisch
1 EL ungehärtetes Kokosfett
1–2 EL Paprikapulver edelsüß
etwas Chilipulver
300 g Tomatenstücke (aus der Dose)
1–2 EL Tomatenmark, 75 ml Rotwein
200 ml Gemüsebrühe, Pfeffer, Meersalz
1 TL Thymian, 700 g Brokkoli (TK)

1. Zwiebel abziehen und in dünne Ringe schneiden. Champignons putzen und in Scheiben schneiden.

2. Fleisch kurz abspülen, trockentupfen und in Würfel schneiden. Das Fleisch in einer Pfanne mit dem Fett rundherum scharf anbraten.

3. Zwiebelringe und Pilze zugeben, mit den Gewürzen bestäuben und unter Rühren bei starker Hitze braten. Tomatenstücke und Tomatenmark dazugeben und alles mit Rotwein ablöschen. Mit Brühe auffüllen und zugedeckt etwa 1 ½ Stunden leise kochen lassen. Mit Pfeffer, Salz und Thymian abschmecken.

4. Tiefgefrorenen Brokkoli in kochendem Salzwasser 3 bis 4 Minuten blanchieren. Gut abtropfen lassen und zusammen mit dem geschmorten Kalbfleisch servieren.

Gebratene Lammkoteletts mit Ratatouille (Foto)

♦ *Eiweiß | Zubereitungszeit: 20 Min. | Garzeit: 40 Min.*

Zutaten für 2 Personen
1 Zwiebel, 1 Aubergine, 1 rote Paprikaschote
1 Zucchini, 2 EL Olivenöl
400 g Tomatenwürfel (aus der Dose)
2 EL Tomatenmark
4 Knoblauchzehen, ungeschält
Meersalz, 1–2 TL Chili
1 EL frisch gehackter Rosmarin
1 EL getrockneter Thymian
8 Lammkoteletts, Kräuter der Provence

1. Zwiebel abziehen und in Ringe schneiden. Die Aubergine, Paprikaschote und Zucchini waschen und putzen. Das Gemüse in kleine Würfel schneiden.

2. Die Zwiebelringe mit der Hälfte des Öls in einem Bräter glasig dünsten. Die Gemüsewürfel dazugeben und 5 Minuten schmoren lassen.

3. Tomatenwürfel, Tomatenmark und Knoblauchzehen dazugeben und alles mit dem Salz und den Gewürzen abschmecken. Zugedeckt 30 Minuten leise kochen lassen.

4. Die Lammkoteletts kurz abwaschen, trockentupfen und mit den Kräutern der Provence und Salz einreiben. Das Fleisch mit dem restlichen Öl in einer Pfanne von jeder Seite 3 bis 4 Minuten braten. Zusammen mit der Ratatouille servieren.

Gefüllte Paprikaschoten

♦ *Eiweiß | Zubereitungszeit: 20 Min. Kochzeit: 40 Min.*

Zutaten für 2 Personen
4 Paprikaschoten, Meersalz, 1 kleine Zwiebel
100 g Champignons, 2 TL Öl
350 g Rinderhackfleisch, 1 kleines Ei, Pfeffer
je 1 TL getrockneter Rosmarin und Thymian
¼ l Gemüsebrühe, 20 g Schmelzkäse
2 EL saure Sahne

1. Die Paprikaschoten waschen und putzen; jeweils einen Deckel abschneiden. Die Schoten innen mit Salz würzen.

2. Die Zwiebel abziehen und fein hacken. Die Champignons putzen und in Würfel schneiden. Zwiebeln und Pilze mit dem Öl in einer Pfanne einige Minuten unter Rühren braten, dann von der Kochstelle nehmen. Hackfleisch und Ei zugeben, mit Salz, Pfeffer, Rosmarin und Thymian würzen und alles miteinander verkneten.

3. Die Mischung in die Paprikaschoten füllen und den Deckel obenauf setzen. Die Gemüsebrühe in einem Topf erhitzen, die Schoten hineinsetzen und zugedeckt etwa 40 Minuten leise kochen lassen.

4. Die Schoten aus der Brühe nehmen und warm halten. Den Käse und die Sahne in die Sauce rühren, mit Pfeffer und Thymian würzen und alles mit dem Mixstab cremig pürieren. Die Sauce zusammen mit den gefüllten Paprikaschoten servieren.

Kalbsleber mit Zwiebel-Apfel-Stückchen und Rotkohl

♦ *Eiweiß* | *Zubereitungszeit: 25 Min.*

Zutaten für 2 Personen
1 Zwiebel
1 kleiner säuerlicher Apfel
2 Scheiben Kalbsleber à 160 g
1 ½ EL Butter
600 g Rotkohl (TK)
Pfeffer
Meersalz

1. Die Zwiebel abziehen, halbieren und in dünne Ringe schneiden. Den Apfel halbieren, schälen, das Kerngehäuse entfernen und den Apfel in feine Spalten schneiden.

2. Die Leber kurz abspülen und mit Küchenkrepp trockentupfen. Die Butter in einer Pfanne erhitzen und die Zwiebelringe und Apfelspalten darin unter Rühren anbraten, dann an den Pfannenrand schieben. Die Leber dazugeben und von beiden Seiten bei mittlerer Hitze braten.

3. In der Zwischenzeit den Rotkohl zusammen mit 3 EL Wasser in einen Topf geben und bei geringer Hitze auftauen lassen. Anschließend einmal aufkochen.

4. Die Leber mit Pfeffer und Salz würzen, zusammen mit den Zwiebel- und Apfelstückchen sowie dem Rotkohl servieren.

Mariniertes Rindfleisch mit Rettichsalat

♦ *Eiweiß* | *Zubereitungszeit: 30 Min.* | *Kochzeit: 2 Std.*

Zutaten für 2 Personen
1 Bund Suppengrün, 350 g mageres Rindfleisch, 1 EL Gemüsebrühe, 2 EL Zitronensaft
2 EL Öl, 1 Eigelb, 2 EL Sahne
100 ml Fleischbrühe, 100 g Thunfisch im eigenen Saft (aus der Dose), Pfeffer, Meersalz
2 EL Kapern, 1 großer Rettich
100 g Schmand, 150 g Joghurt

1. Das Suppengrün waschen, putzen und in Stücke schneiden. Das Fleisch in einem Topf mit Wasser bedecken. Suppengrün und Gemüsebrühe dazugeben und zugedeckt in etwa 2 Stunden gar ziehen lassen.

2. Das erkaltete Fleisch aus der Brühe nehmen und mit einem scharfen Messer quer zur Faser in dünne Scheiben schneiden.

3. Zitronensaft und Öl kräftig verschlagen. Eigelb und Sahne unterrühren. Fleischbrühe und Thunfisch dazugeben und alles fein pürieren. Mit Pfeffer und Salz abschmecken. Die Fleischscheiben von beiden Seiten mit der Sauce beträufeln, in eine flache Form schichten. Die übrige Sauce über die Fleischscheiben träufeln und mit den Kapern garnieren.

4. Den Rettich schälen, grob raspeln und mit Salz bestreuen. Schmand und Joghurt miteinander verrühren und mit dem Rettich mischen. Zusammen mit dem Rindfleisch servieren.

Scharfer Bohneneintopf mit Hackfleisch

♦ *Eiweiß* | *Zubereitungszeit: 35 Min.*

Zutaten für 2 Personen
4 reife Tomaten
500 g grüne Bohnen
1 Zwiebel
1 EL Öl
300 g Rinderhackfleisch
¼ l Gemüsebrühe (instant)
2 EL Tomatenmark
1 TL Sambal Oelek
1 TL getrockneter Thymian
Pfeffer
Meersalz

1. Die Tomaten überbrühen und häuten, von den Stielansätze befreien und das Fruchtfleisch grob würfeln. Die Bohnen waschen, putzen und in etwa 3 cm lange Stücke schneiden. Die Zwiebel schälen und fein hacken.

2. Das Öl in einem Topf erhitzen und die Zwiebel darin glasig dünsten. Das Hackfleisch dazugeben und unter Rühren krümelig anbraten. Die Tomaten und Bohnen unterrühren und mit der Brühe auffüllen. Tomatenmark und Sambal Oelek unterrühren und mit dem Thymian würzen.

3. Zugedeckt 18 bis 20 Minuten leise kochen lassen. Mit Pfeffer und Salz abschmecken und heiß servieren.

Fleischklößchen in Tomatensauce mit Bohnen

♦ *Eiweiß* | *Zubereitungszeit: 30 Min.*

Zutaten für 2 Personen
Meersalz, 600 g grüne Bohnen (TK)
1 kleine Zwiebel, 1–2 Knoblauchzehen
1 Zweig Rosmarin, 2 EL Olivenöl
400 g Tomatenstücke (aus der Dose)
Pfeffer, Sambal Oelek
1 EL Thymian, getrocknet
300 g Rinderhackfleisch, 1 kleines Ei
1 TL Kräutersalz

1. Salzwasser zum Kochen bringen und die Bohnen darin in 12 Minuten bissfest garen.

2. Zwiebel und Knoblauch abziehen und fein würfeln. Den Rosmarin fein hacken, 1 TL davon beiseite legen. 1 EL Öl in einer Pfanne erhitzen und die Zwiebel- und Knoblauchwürfel darin unter Rühren anbraten. Tomatenstücke zufügen und alles mit Pfeffer, Salz, Sambal Oelek, Rosmarin und Thymian würzen. Die Tomatensauce bei schwacher Hitze im offenen Topf etwas einkochen lassen.

4. Das Hackfleisch mit Rosmarin, Thymian und Ei vermischen. Mit Salz und Pfeffer würzen. Aus dem Hackfleisch kleine Kugeln formen, diese mit dem restlichen Öl in einer Pfanne scharf anbraten, in die Tomatensauce geben.

5. Die abgetropften Bohnen im restlichen Bratfett unter Rühren braten. Mit der Tomatensauce und den Klößchen servieren.

Champignonschnitzel mit Buttermöhren

♦ *Eiweiß* | *Zubereitungszeit: 35 Min.*

Zutaten für 2 Personen
1 kleines Bund Petersilie
600 g Möhren
1 EL Butter
100 ml Gemüsebrühe
200 g frische Champignons
2 Putenschnitzel à 180 g
Pfeffer, Meersalz, 1 EL Öl

1. Petersilie waschen, trocknen und fein hacken. Die Möhren waschen, putzen, schälen und in kleine Würfel schneiden.

2. Die Butter in einem Topf erhitzen und die Möhren darin leicht anbraten. Die Brühe angießen und das Möhrengemüse zugedeckt etwa 12 Minuten leise kochen lassen.

3. Die Champignons putzen und in Scheiben schneiden. Die Putenschnitzel kurz waschen, trockentupfen und mit Pfeffer und Salz würzen.

4. Das Fleisch mit dem Öl in einer Pfanne von beiden Seiten je 3 bis 4 Minuten braten, dann aus der Pfanne nehmen und warm stellen.

5. Im restlichen Bratfett die Champignons 5 Minuten braten, dann leicht salzen. Die Schnitzel auf zwei Tellern anrichten und die Pilze darauf verteilen. Die Petersilie über die Möhren geben und alles zusammen servieren.

Lammgyros mit Zucchini

♦ *Eiweiß* | *Zubereitungszeit: 25 Min.*

Zutaten für 2 Personen
350 g Lammfleisch, 2–3 Knoblauchzehen
2 EL Olivenöl, 2 TL getrockneter Rosmarin
2 TL getrockneter Thymian
2 TL Paprikapulver edelsüß,
Pfeffer, Meersalz, 1 Zwiebel, 1 Stück Ingwer,
haselnussgroß, 600 g Zucchini, 1 EL Öl,
2 EL Pinienkerne, 2 EL Rosinen
½ TL Nelkenpulver, 2 EL Feigen-Balsamico
(ersatzweise alter Balsamico oder Obstessig)

1. Das Fleisch kurz abspülen, trockentupfen und in 1 cm breite Streifen schneiden. Den Knoblauch abziehen und fein hacken. Das Öl mit dem Knoblauch, Rosmarin, Thymian, Paprikapulver, Pfeffer und Salz verrühren. Das Fleisch zugeben und mit der Marinade mischen.

2. Zwiebel und Ingwer schälen, beides klein würfeln. Die Zucchini putzen und in kleine Würfel schneiden. Das Öl in einer beschichteten Pfanne erhitzen, Zwiebel und Ingwer darin glasig dünsten. Zucchiniwürfel zugeben und unter Rühren 4 bis 5 Minuten braten.

3. Pinienkerne, Rosinen und Nelkenpulver unterrühren, alles mit Pfeffer, Salz und Feigen-Balsamico abschmecken und bei schwacher Hitze weitere 2 bis 3 Minuten braten.

4. Für das Gyros das Fleisch mit der Marinade in einer Pfanne ohne Fett knusprig braten. Zusammen mit dem Gemüse servieren.

Bratwurst mit Rosenkohl in Currysauce

♦ *Eiweiß* | *Zubereitungszeit: 25 Min.*

Zutaten für 2 Personen
600 g Rosenkohl
Meersalz
1 Zwiebel
1 EL Butter
100 ml Rosenkohlbrühe
2 EL Frischkäse
1 Msp. Chili
Meersalz
1–2 TL Curry
2 TL Öl
4 Geflügelbratwürste
2 TL Senf

1. Den Rosenkohl waschen, putzen, größere Köpfe halbieren und in wenig Salzwasser in 12 Minuten bissfest garen.

2. In der Zwischenzeit die Zwiebel abziehen und fein würfeln. Die Zwiebelwürfel mit der Butter in einem Topf glasig dünsten. Mit der Rosenkohlbrühe ablöschen, dann den Frischkäse unterrühren. Die Sauce mit Chili, Salz und Curry würzen und leicht einkochen lassen. Den abgetropften Rosenkohl zur Sauce geben.

3. Das Öl in einer Pfanne erhitzen und die Bratwürste darin von allen Seiten braun braten. Zusammen mit dem Senf und dem Gemüse servieren.

Debrecziner mit Selleriepüree

♦ *Eiweiß* | *Zubereitungszeit: 15 Min. Kochzeit: 20 Min.*

Zutaten für 2 Personen
1 Knolle Sellerie, 5 EL Sahne , 1 EL Butter
Meersalz, Pfeffer, 1 Msp. Muskat
1 EL abgeriebene Schale einer unbehandelten Orange
1 kleine Zwiebel, 1 EL Öl
600 g Sauerkraut, 1 TL Kümmel,
3 Wacholderbeeren, 4 Debrecziner, 2 TL Senf

1. Den Sellerie schälen und in Würfel schneiden. Das Gemüse in einen Topf geben, Sahne zufügen, dann mit Wasser knapp bedecken und in etwa 20 Minuten weich kochen.

2. Den Sellerie im Sahnewasser mit dem Mixstab pürieren, dabei etwas Kochflüssigkeit hinzufügen. Die Butter leicht bräunen und unterrühren. Mit Salz, Pfeffer, Muskat und Orangenschale abschmecken.

3. Die Zwiebel abziehen, in Würfel schneiden und mit dem Öl in einem Topf glasig dünsten. Sauerkraut dazugeben und unter Rühren leicht anbraten. 50 ml Wasser angießen, mit Kümmel und Wacholderbeeren würzen. Das Sauerkraut etwa 10 Minuten leise kochen lassen.

4. Die Würstchen in siedendem Wasser erhitzen. Das Selleriepüree zusammen mit Kraut, Würstchen und Senf servieren.

Fisch

Frischer Fisch sollte Ihrer Gesundheit zuliebe regelmäßig auf Ihrem Speiseplan stehen. Besonders Makrelen, Hering, Lachs und Thunfisch gelten als Cholesterin senkend und versorgen den Organismus mit hochwertigem Eiweiß und wertvollen Omega-3-Fettsäuren.

Fischgerichte – eine gesunde Delikatesse

Es gibt viele gute Gründe, häufiger Fisch zu essen: Er ist sehr reich an Vitamin A, D, B_2, B_6 und B_{12}, aber auch die Mineralstoffe Phosphor, Eisen, Magnesium, Kalium und das Spurenelement Selen sind reichlich in ihm enthalten. Darum sollte Fisch zweimal wöchentlich auf den Tisch kommen.

Verschiedene Fischsorten wie zum Beispiel Lachs, Makrele, Hering, Sprotten und Thunfisch gelten als Cholesterin senkend, da sie reichlich Omega-3-Fettsäuren enthalten, die nachweislich eine Schutzwirkung auf Herz und Gefäße ausüben.

Achten Sie beim Kauf von Fisch besonders darauf, dass er frisch ist. Fisch an sich hat kaum Eigengeruch, erst durch Abbauprozesse entsteht der typische, etwas unangenehme Geruch. Frischen Fisch erkennen Sie an den durchsichtigen, prall gefüllten Augen. Ist er schon etwas älter, wird das Auge milchig und sinkt ein. Auch die Haut gibt Hinweise bezüglich der Frische, sie sollte glänzend und nicht stumpf sein. Die Kiemenblättchen sollten ohne Schleim und nicht verklebt sein. Das Fischfleisch selbst darf, wenn Sie mit dem Finger daraufdrücken, keine Delle hinterlassen, sondern muss sich fest und gleichzeitig elastisch anfühlen. Bewahren Sie frischen Fisch nicht länger als einen Tag im Kühlschrank auf, gedünstet oder gebraten nicht länger als zwei Tage und geräucherte Fischwaren nur maximal zwei bis vier Tage.

Wenn Sie sich trennkostgemäß ernähren, sollten Sie darauf achten, das Fischgericht nicht mit Kohlenhydraten zu kombinieren.

Der häufigste Fehler beim Garen von Fisch ist die zu lange Koch- oder Bratzeit. Dadurch kann es passieren, dass der Fisch trocken wird. Achten Sie daher besonders auf den richtigen Garpunkt.

Fisch zählt zur Eiweißgruppe

Da Fisch zur Gruppe der Eiweiße zählt, ist er kombinierbar mit allen Blattsalaten und Gemüsesorten. Je nach Zubereitung, ob fruchtig, herzhaft oder in Salz gegart, passt Fisch zu säurereichem frischem Obst wie z. B. Zitrone oder Orange und kann mit einem Glas trockenem Weißwein genossen werden. Außerdem kann er kombiniert werden mit Butter, Öl, Mayonnaise aus hochwertigen Ölen, Margarine aus ungehärteten Fetten, Vollei, süßer und saurer Sahne, Milch, Buttermilch, Kefir, Joghurt, Trinksauermilch, Quark, allen Käsesorten, allen gekochten oder auch rohen Wurstwaren und Schinken.

Welche Gewürze passen zu Fisch?

Fisch können Sie mit einer Vielzahl an Gewürzen und Kräutern ein besonderes Aroma verleihen: Bärlauch, Brunnenkresse, Curry, Dill, Essig, Estragon, Ingwer, Kaffir-Zitronenblätter, Kardamom, Kerbel, Knoblauch, Koriander, Kreuzkümmel, Kräuter der Provence, Kümmel, Kurkuma, Liebstöckel, Lorbeerblätter, Majoran, Nelke, Oregano, Petersilie, Rosenpaprika, Rosmarin, Rucola, Safran, Salbei, Sambal Oelek, Sauerampfer, Schnittlauch, Thymian, Wacholderbeeren, Worcestersauce, Zitrone, Zitronenmelisse, Zwiebeln.

Matjes mit Kartoffel-Apfel-Salat (Foto s. 118)

♦ *Kohlenhydrate | Zubereitungszeit: 30 Min.*

Zutaten für 2 Personen
400 g Pellkartoffeln vom Vortag
1 Stück Salatgurke (10 cm)
1 Zwiebel, 1 mürber Apfel
5 Walnusskerne
4 Matjesheringe
50 g Schmand
175 g griechischer Joghurt
1 EL Obstessig
50 ml Gemüsebrühe
2 TL Senf
2 EL Rosinen
1 kleines Bund Schnittlauch

1. Die Kartoffeln waschen, in 20 bis 25 Minuten garen, pellen und in Würfel schneiden.

2. Die Gurke schälen und in Würfel schneiden. Die Zwiebel abziehen und fein hacken. Den Apfel waschen, vierteln, entkernen und würfeln. Die Nüsse grob hacken.

3. Von den Matjesheringen die kleinen Gräten entfernen und die Fische in kleine Stücke schneiden. Alle Zutaten mischen.

4. Den Schmand mit Joghurt, Essig, Gemüsebrühe und Senf verrühren. Die Rosinen untermischen und den Salat mit der Marinade anmachen. Den Schnittlauch waschen, trocknen, in Röllchen schneiden und darüberstreuen. Gut gekühlt servieren.

Thunfischsalat mit Ei und Paprika

♦ *Eiweiß | Zubereitungszeit: 20 Min.*

Zutaten für 2 Personen
2 Eier
1 grüne Paprikaschote
1 rote Paprikaschote
200 g Mais (TK oder aus der Dose)
3 EL Zitronensaft
abgeriebene Schale von 1/2 Zitrone
2 EL Olivenöl
1–2 TL Senf
Pfeffer, Meersalz
5 große Salatblätter
200 g Thunfisch im eigenen Saft (Dose)

1. Die Eier hart kochen, abschrecken, schälen und in Viertel schneiden.

2. Die Paprikaschoten längs halbieren, von Trennwänden und Kernen befreien, die Schotenhälften waschen und klein würfeln. Paprikawürfel und Mais in eine Schüssel geben und miteinander mischen.

3. Den Zitronensaft mit der Zitronenschale, Öl, 2 EL Wasser, Senf, Pfeffer und Salz verrühren und das Gemüse damit anmachen.

4. Die Salatblätter putzen, waschen und abtropfen lassen. Eine Salatplatte mit den Salatblättern auslegen und den Paprikasalat darauf anrichten. Den Thunfisch abgießen, mit einer Gabel grob zerpflücken und zusammen mit den Eiervierteln auf dem Salat verteilen.

Lachsburger mit Tomaten

♦ *Kohlenhydrate | Zubereitungszeit: 15 Min.*

Zutaten für 2 Personen
1 Zwiebel
2 EL Obstessig
Meersalz
2 Fleischtomaten
4 Salatblätter
2 Vollkornbrötchen
2 EL Frischkäse
2 TL Meerrettich aus dem Glas
100 g gebeizter Lachs
Pfeffer

1. Die Zwiebel abziehen und in dünne Ringe schneiden. Die Ringe mit dem Essig und Salz vermischen, 5 Minuten ziehen lassen und danach fest ausdrücken.

2. Die Tomaten waschen, von den Stielansätzen befreien und in 1 cm dicke Scheiben schneiden. Die Salatblätter waschen und trocknen.

3. Die Brötchen aufschneiden und leicht toasten. Die unteren Hälften mit dem Frischkäse, die oberen Hälften dünn mit dem Meerrettich bestreichen. Die unteren Brötchenhälften mit den Salatblättern, je einer Tomatenscheibe, einer Scheibe Lachs und den Zwiebeln belegen. Mit den oberen Hälften abdecken.

4. Die restlichen Tomaten auf einer Platte anrichten, mit Pfeffer und Salz würzen und zusammen mit den Lachsburgern servieren.

Räucherfischsalat mit Currydressing

♦ *Kohlenhydrate | Zubereitungszeit: 15 Min.*

Zutaten für 2 Personen
2 Salatherzen
1 kleines Bund Rucola
2 Tomaten
250 g geräucherter Fisch, z. B. Schillerlocken, Makrele oder Forelle
1 frisches Eigelb
1 TL Senf
1 EL Obstessig
2 EL Sahne
1/2 TL Curry
Pfeffer
Meersalz
2 Scheiben Vollkornbrot

1. Die Salatherzen waschen, putzen und mundgerecht zerpflücken. Den Rucola verlesen und waschen. Die Tomaten waschen, von den Stielansätzen befreien und in schmale Spalten schneiden. Den Fisch säubern, von eventuellen Gräten befreien und in Streifen schneiden. Die Salate zusammen mit dem Fisch dekorativ auf einer Platte anrichten.

2. Für das Dressing das Eigelb mit dem Senf und 2 EL Wasser cremig verrühren. Essig und Sahne unterrühren und mit Curry, Pfeffer und Salz würzen. Die Sauce über den Salat träufeln und zusammen mit den Broten servieren.

Lachsforelle in der Folie
mit Kräutersauce (Foto)

♦ *Eiweiß* | *Zubereitungszeit: 20 Min.* | *Backzeit: 35 Min.*

Zutaten für 2 Personen
1 Lachsforelle, 2 EL Zitronensaft, Meersalz
1 Romanosalat, 1 Ei, 1 kleines Bund
gemischte Salatkräuter, 1 Gewürzgurke,
175 g Joghurt, 2 EL saure Sahne, 1 TL Senf,
Pfeffer, 1 EL Gurkenwasser, 1 EL ÖL
1 EL Balsamico-Essig

1. Forelle waschen, trockentupfen, mit Zitronensaft beträufeln, innen und außen salzen.

2. Fünf Außenblätter vom Romanosalat waschen, trocknen und ausbreiten. Die Forelle darauf legen und darin einwickeln.

3. Den Fisch auf ein großes Stück Alufolie legen und diese gut verschließen. Im Backofen bei 200 °C in 30 bis 35 Minuten garen.

4. Für die Sauce das Ei hart kochen, pellen und längs halbieren. Das Eigelb herauslösen, das Eiweiß fein hacken.

5. Die Kräuter waschen, trocknen und hacken. Die Gurke in Würfel schneiden. Das Eigelb mit Joghurt, saurer Sahne, Senf, Pfeffer und Salz verrühren. Eiweißwürfel, Kräuter, Gurken und Wasser untermischen.

6. Den restlichen Salat putzen, waschen, trocknen und in mundgerechte Stücke zerpflücken. Den Salat mit Öl und Essig beträufeln, leicht salzen und pfeffern.

7. Die Forelle aus der Folie nehmen und die Salatblätter entfernen. Zusammen mit dem frischen Salat und der Sauce servieren.

Dorade aus der Folie mit Zucchini

♦ *Eiweiß* | *Zubereitungszeit: 20 Min.* | *Garzeit: 30 Min.*

Zutaten für 2 Personen
2 Doraden, Meersalz, Pfeffer
2 TL getrockneter Thymian
4–6 Salatblätter, 2–3 Knoblauchzehen,
2 Zucchini (ca. 600 g), 3 EL Olivenöl
3 EL Kapern (aus dem Glas)
2 EL Einlegeflüssigkeit, 1 ½ EL Zitronensaft
2 Zitronenscheiben

1. Fische säubern, waschen und trockentupfen, innen und außen mit Salz, Pfeffer und Thymian bestreuen. Die Fische einzeln in die Salatblätter einrollen, in Alufolie wickeln und auf einem Backblech im Backofen bei 200 °C 10 Minuten backen.

2. Knoblauch abziehen und in Scheiben schneiden. Zucchini waschen, putzen und die Früchte der Länge nach halbieren. Die Schnittflächen mit 2 EL Öl bestreichen, mit dem Knoblauch spicken und salzen. Das Gemüse in Alufolie wickeln und zum Fisch auf das Backblech legen. Beides weitere 15 bis 20 Minuten backen.

3. Die Kapern mit der Einlegeflüssigkeit, 2 EL Wasser, 1 EL Öl und Zitronensaft vermischen.

4. Fische und Gemüse aus dem Ofen nehmen, Folien entfernen und mit Zitronenscheiben und Kapernsauce servieren.

Schwertfisch mit gewürzten Paprikastreifen

♦ *Eiweiß* | *Zubereitungszeit: 20 Min.*

Zutaten für 2 Personen
3 rote Paprikaschoten
1 Knoblauchzehe
3 EL Öl
2 EL Balsamico-Essig
1 TL frischer oder getrockneter Thymian
Pfeffer
Meersalz
2 Scheiben Schwertfisch à 200 g

1. Den Backofen auf 180 °C vorheizen. Die Paprikaschoten längs halbieren, Trennwände und Kerne entfernen. Die Schotenhälften waschen, in breite Streifen schneiden und auf ein Backblech legen. Im Backofen 10 bis 12 Minuten garen.

2. Für die Marinade den Knoblauch abziehen und durch eine Presse drücken. 2 EL Öl, Essig, 3 EL Wasser, Thymian, Knoblauch, Pfeffer und Salz miteinander verrühren.

3. Den Fisch waschen, trockentupfen, mit Pfeffer und Salz würzen. Das restliche Öl in einer Pfanne erhitzen. Den Fisch darin von beiden Seiten je 3 bis 4 Minuten braten.

4. Die Paprikastreifen aus dem Ofen nehmen, auf einer Platte anrichten und mit der Sauce beträufeln. Zusammen mit dem gebratenen Fisch servieren.

Makrele valenzianisch

♦ *Eiweiß* | *Zubereitungszeit: 20 Min.*

Zutaten für 2 Personen
1 Zwiebel
1 kleines Bund Petersilie
Schale von 1/2 unbehandelten Zitrone
8 Pfefferkörner
1 Lorbeerblatt
1/4 l Weißwein, trocken
2 Makrelen
2 TL Senf

1. Die Zwiebel abziehen und in dünne Ringe schneiden. Die Petersilie waschen und grob hacken. Etwas Petersilie für die Garnitur beiseite legen. Zwiebelringe, Petersilie, Zitronenschale, Pfefferkörner und Lorbeerblatt in eine Kasserolle geben. Mit dem Wein und 1/8 l Wasser aufgießen und 10 Minuten leise kochen lassen.

2. Die Fische in den Sud legen und zugedeckt bei schwacher Hitze 12 bis 15 Minuten garen. Danach die Makrelen aus der Flüssigkeit nehmen, Kopf und Schwanzflosse abschneiden und die Fische auf einer Servierplatte anrichten.

3. Den Sud durch ein Sieb geben und 150 ml von der Flüssigkeit auffangen. Den Senf mit dieser Flüssigkeit verrühren und über die Fische gießen. Mit den Zitronenscheiben und der Petersilie garniert gekühlt servieren.

Berliner Lachsbuletten
mit Zitronenjoghurt

♦ *Eiweiß* | *Zubereitungszeit: 20 Min.*

Zutaten für 2 Personen
1 kleines Bund Dill
2 EL Kapern
400 g frisches Lachsfilet
50 g gebeizter Lachs
Pfeffer, Meersalz, 1 EL Öl
2 EL Zitronensaft
175 g griechischer Joghurt
Kräutersalz
4 dünne Zitronenscheiben

1. Den Dill waschen, trocknen und fein hacken. Einige Zweige für die Garnitur beiseite legen. Die Kapern hacken.

2. Den frischen Lachs waschen, mit Küchenpapier trockentupfen und eventuelle Gräten entfernen. Den frischen und den gebeizten Lachs in sehr feine Würfel schneiden.

3. Beide Lachssorten miteinander mischen, mit Pfeffer und Salz würzen, den gehackten Dill und die Kapern dazugeben und aus dem Teig Buletten formen. Das Öl in der Pfanne erhitzen und die Buletten darin rundum knusprig braten.

4. Zitronensaft mit dem Joghurt verrühren und mit dem Kräutersalz fein würzen. Die Buletten zusammen mit dem Zitronenjoghurt anrichten und mit dem Dill und den Zitronenscheiben garnieren.

Spanische
Thunfischrouladen

♦ *Eiweiß* | *Zubereitungszeit: 25 Min.*

Zutaten für 2 Personen
2 Eier, 1 EL Kapern
100 g Thunfisch im eigenen Saft
(aus der Dose), 2 EL Frischkäse
Pfeffer, Meersalz
4 Scheiben frischer Thunfisch
(etwa 5 mm dick)

1. Die Eier hart kochen, mit kaltem Wasser abschrecken, pellen und fein hacken. Die Kapern abgießen und grob hacken.

2. Den Thunfisch aus der Dose nehmen, abgießen und mit einer Gabel fein zerdrücken. Die gehackten Eier, Kapern und Frischkäse mit dem Thunfisch vermischen. Mit Pfeffer und Salz würzen.

3. Die frischen Thunfischscheiben kurz waschen, trockentupfen und zart mit Pfeffer und Salz bestreuen. Die Ei-Thunfisch-Füllung auf den frischen Thunfisch streichen, zusammenrollen und mit Zahnstochern feststecken.

4. Das Öl in einer Pfanne erhitzen und die Rouladen darin von allen Seiten braten.

Scholle mit Orangenfilets und Salatherzen (Foto)

♦ *Eiweiß | Zubereitungszeit: 20 Min.*

Zutaten für 2 Personen
4 Salatherzen
2 Orangen
2 Schollenfilets à 200 g
Pfeffer
Meersalz
1 EL Öl
60 g Sahne
100 ml Orangensaft
Curry

1. Die Salatherzen putzen, waschen, längs vierteln und auf zwei Tellern anrichten.

2. Die Orangen schälen, auch die weiße Haut dabei entfernen. Mit einem scharfen Messer die Zwischenhäute einschneiden und die einzelnen Filets herauslösen. Den Saft dabei auffangen und über die Salatherzen geben.

3. Den Fisch waschen, trockentupfen und mit Pfeffer und Salz würzen. Das Öl in einer beschichteten Pfanne erhitzen, den Fisch darin von beiden Seiten je 4 bis 5 Minuten braten, dann herausnehmen und beiseite stellen.

4. Die Sahne und den Orangensaft in das Bratfett einrühren und die Sauce mit Pfeffer, Salz und Curry würzen. Die Orangenfilets und den Fisch dazugeben, nochmals kurz erhitzen und zusammen mit den Salatherzen servieren.

Fischspieße mediterran

♦ *Eiweiß | Zubereitungszeit: 20 Min. | Grillzeit: 15 Min.*

Zutaten für 2 Personen
2 EL Öl
2 EL Zitronensaft
je 1 EL Thymian und Rosmarin
Meersalz, 1 Msp. Chili
1 Zucchini, 1 rote Paprikaschote
12 Kirschtomaten
300 g festfleischiger Fisch, z. B. Schwertfisch oder Goldbarsch
12 Scampis

1. Für die Marinade das Öl mit dem Zitronensaft verrühren und mit Thymian, Rosmarin, Salz und Chili würzen.

2. Die Zucchini waschen, der Länge nach halbieren und in 2 mal 2 cm große Würfel schneiden. Die Paprikaschote längs halbieren, Trennwände und Kerne entfernen, die Schotenhälften waschen und grob zerteilen. Die Tomaten waschen.

3. Den Fisch waschen, mit Küchenpapier trockentupfen und in mundgerechte Würfel schneiden. Die Scampis schälen und den Darm entfernen.

4. In bunter Reihenfolge Fischstücke, Scampis, Zucchiniwürfel, Paprikastücke und Tomaten auf Spieße stecken. Die Spieße mit der Marinade bestreichen, auf Alupapier oder in eine Grillpfanne legen und in 12 bis 15 Minuten von allen Seiten grillen.

Eier

Eier sind beliebt bei jung und alt und gehören mit zu den vielseitigsten Lebensmitteln. Zudem sind sie gesünder, als manch einer denkt: Neben den Vitaminen A, E und K sowie B-Vitaminen enthalten Eier auch reichlich Calcium und Eisen.

Die schnelle Mahlzeit – köstlich und gesund

Wenn Sie im schnelllebigen Alltag einmal nicht dazu kommen, sich eine aufwendige vollwertige Mahlzeit zu kochen – kein Problem! Eiergerichte lassen sich in der Regel sehr schnell zubereiten.

Rühreier in verschiedenen Variationen sind allseits beliebt und brauchen nur kurze Zeit zum Garen. Ein kleiner Vorrat an hart gekochten Eiern verwandelt in Minutenschnelle einen einfachen Salat in eine komplette Mahlzeit. Auch zum Mitnehmen an den Arbeitsplatz oder für das Picknick sind gekochte Eier ideal.

Wenn auch Sie zu den Menschen gehören, die Eier wegen ihres hohen Cholesteringehalts meiden, können Sie beruhigt sein: In wissenschaftlichen Studien und unter strengen Versuchsbedingungen in Stoffwechsellabors wurde nachgewiesen, dass 100 Milligramm Cholesterin, mit der Nahrung aufgenommen, den Cholesterinspiegel nur um 2 mg/dl anheben. Dieser Wert ist so niedrig, dass er wegen der Schwankungen normaler Messmethoden oftmals gar nicht nachweisbar ist. Ein Ei enthält etwa 210 mg Cholesterin; von dieser Menge kann der gesunde Körper nur etwa 50 Prozent im Darm aufnehmen. Die andere Hälfte wird ausgeschieden.

Eier verfügen über außergewöhnlich hohe Werte an fettlöslichen Vitaminen wie A, D, E und K sowie über die Vitamine B_2, B_{12}, Folsäure und Mineralien wie Eisen, Zink, Phosphor und Selen. Zudem gibt es kaum ein anderes Nahrungsmittel mit einem ähnlich hohen Lezithingehalt. Lezithin ist unentbehrlich für das Funktionieren des Zentralnervensystems, verbessert die Gehirndurchblutung, nährt die Gehirnzellen und verhindert, dass sich in den Arterien Cholesterin einnistet. Darum keine übertriebene Angst vor einem maßvollen Konsum von Eiern!

> Wenn Sie für ein Gericht nur das Eigelb benötigen, dann bereiten Sie sich aus dem restlichen Eiweiß, zusammen mit einem kompletten Ei, ein Rührei zu.

Welche Lebensmittel passen nach den Trennkostregeln zu Eiergerichten?

Das volle Ei zählt zur Eiweißgruppe, das Eigelb zu der neutralen Kost. Daher sind Eier kombinierbar mit allen Blattsalaten, Gemüsesorten, Rüben, Kohl und Pilzen, ebenso mit Fleisch, allen gekochten und rohen Wurstwaren, Schinken und Fisch wie Bratfisch, gebeiztem Lachs und Sardellen. Auch Butter, Öl, Mayonnaise aus hochwertigen Ölen, Margarine aus ungehärteten Fetten, süße und saure Sahne, Milch, Buttermilch, Joghurt und alle Käsesorten können gut zusammen mit Eiern gegessen werden.

Eine reiche Auswahl an Gewürzen steht Ihnen bei Eiergerichten zur Verfügung: Bärlauch, Brunnenkresse, Curry, Dill, Essig, Estragon, Ingwer, Kaffir-Zitronenblätter, Kerbel, Knoblauch, Koriander, Kreuzkümmel, Kräuter der Provence, Kümmel, Kurkuma, Liebstöckel, Majoran, Nelke, Oregano, Petersilie, Rosenpaprika, Rosmarin, Rucola, Safran, Salbei, Sauerampfer, Schnittlauch, Thymian, Zitronenmelisse oder Zwiebeln.

Sommersalat mit Curry-Eiern und Gänseblümchen

♦ *Eiweiß* | *Zubereitungszeit: 20 Min.*

Zutaten für 2 Personen
4 Eier
1 kleines Bund Dill
175 g Joghurt
1 EL Mayonnaise, 1 TL Dijon-Senf
1 EL Essig, z. B. weißer Balsamico
1 TL Curry
Pfeffer, Salz
1 kleiner Romanosalat
1 kleine Salatgurke
1 Bund Radieschen
50 g Rindersalami am Stück
6 Gänseblümchen

1. Die Eier in 6 bis 7 Minuten wachsweich kochen, pellen und halbieren.

2. Den Dill waschen, trocknen und fein hacken. Joghurt mit Mayonnaise, Dill, Senf, Essig, 2 EL Wasser, Curry, Pfeffer und Salz verrühren.

3. Den Salat putzen, waschen und in mundgerechte Stücke zupfen. Die Gurke schälen und in feine Würfel schneiden. Die Radieschen waschen, putzen und in feine Scheiben schneiden. Die Salami fein würfeln.

4. Den Salat mit den Gurken, Radieschen, Salamiwürfeln und Eihälften auf einer Platte anrichten. Mit dem Currydressing übergießen und mit den Gänseblümchen garnieren.

Eiersalat mit Sardellen

♦ *Eiweiß* | *Zubereitungszeit: 20 Min.*

Zutaten für 2 Personen
4 Eier
1 Eisbergsalat
2 Stangen Sellerie
1 Gewürzgurke
1 säuerlicher Apfel
1 EL Zitronensaft
1 EL Öl
175 g Joghurt
Pfeffer, Kräutersalz
10 Sardellenfilets
1 Kästchen Kresse

1. Die Eier hart kochen und pellen. Den Salat putzen, waschen, trocknen und in mundgerechte Stücke zerpflücken. Die Selleriestangen putzen, eventuelle Fäden abziehen und in dünne Scheiben schneiden. Die Gewürzgurke in kleine Würfel schneiden.

2. Den Apfel waschen, vierteln und entkernen. Das Fruchtfleisch in Würfel schneiden und mit dem Zitronensaft beträufeln. Den Salat in einer Schüssel mischen.

3. Aus dem Öl, Joghurt, 5 EL Wasser, Pfeffer und Salz eine Sauce rühren und über den Salat gießen.

4. Die Eier in Scheiben schneiden, auf dem Salat verteilen und mit den Sardellenfilets belegen. Den Salat mit der abgeschnittenen Kresse garnieren.

Lauchomelett mit Parmesan und Pinienkernen (Foto S. 128)

♦ *Eiweiß* | *Zubereitungszeit: 20 Min.*

Zutaten für 2 Personen
2 EL Pinien- oder Sonnenblumenkerne
1 kleines Bund Schnittlauch
1 kleine Stange Lauch
4 große Eier
1 EL geriebener Parmesan
Pfeffer, Meersalz
1 EL Olivenöl

1. Die Pinien- bzw. Sonnenblumenkerne ohne Fett in einer beschichteten Pfanne kurz rösten. Den Schnittlauch waschen, trocknen und in Röllchen schneiden.

2. Den Lauch putzen, längs halbieren, waschen und in dünne Ringe schneiden. Die Eier mit dem Parmesankäse, Pfeffer und Salz gut verquirlen.

3. Den Lauch mit dem Öl in einer beschichteten Pfanne andünsten. Die Eiermasse eingießen und bei geringer Hitze stocken lassen. Die Pfanne mehrmals kurz rütteln, damit das Omelett nicht anbackt.

4. Wenn das Omelett an der unteren Seite fest und oben noch etwas cremig ist, die Pinienkerne auf der Eiermasse verteilen. Die Pfanne mit einem Deckel schließen und die Eiermasse fertig stocken lassen. Das Omelett auf eine vorgewärmte Servierplatte gleiten lassen und mit den Schnittlauchröllchen bestreut servieren.

Omelett mit feinen Kräutern

♦ *Eiweiß* | *Zubereitungszeit: 20 Min.*

Zutaten für 2 Personen
1 Salatgurke
Meersalz
1 kleines Bund frische Kräuter, z. B. Petersilie, Schnittlauch, Kerbel oder Estragon
4 große Eier
2 EL Mineralwasser
Pfeffer
1 EL Butter

1. Die Gurke schälen, in dünne Scheiben schneiden und leicht salzen.

2. Die Kräuter waschen, trocknen und sehr fein hacken. Die Eier trennen. Das Eigelb in eine Schüssel geben und mit Mineralwasser, Pfeffer und Salz schaumig schlagen. Das Eiweiß leicht salzen, steif schlagen und vorsichtig unter die Eigelbmasse heben.

3. Die Butter in einer beschichteten Pfanne erhitzen und die Eiermasse dazugießen. Die Pfanne mehrmals kurz hin und her rütteln, damit das Omelett nicht anbackt.

4. Wenn das Omelett auf der unteren Seite gestockt und oben noch etwas cremig ist, die Kräuter darauf verteilen. Das Omelett auf eine vorgewärmte Servierplatte gleiten lassen und zusammen mit den Gurkenscheiben servieren.

Romanesco
mit grüner Eiersauce (Foto)

♦ *Eiweiß* | *Zubereitungszeit: 25 Min.*

Zutaten für 2 Personen
4 Eier, 1 Bund gemischte Kräuter,
z. B. Petersilie, Kerbel, Dill, Schnittlauch,
Sauerampfer, Estragon, Zitronenmelisse, Bor-
retsch, 250 g Quark, 150 g Joghurt, Pfeffer,
Kräutersalz, 700 g Romanesco, Meersalz

1. Die Eier in 10 Minuten hart kochen, mit kaltem Wasser abschrecken, pellen und abkühlen
lassen. Zwei der Eier in kleine Stücke hacken,
die beiden restlichen Eier halbieren.

2. Die Kräuter waschen, verlesen, trockenschütteln und mit einem Wiegemesser sehr fein
hacken.

3. Für die Sauce den Quark mit dem Joghurt
cremig rühren. Gehackte Eier und Kräuter
daruntermischen und alles mit dem Pfeffer
und Kräutersalz würzen.

4. Den Romanesco putzen, waschen und in kleine Röschen zerteilen. Das Gemüse in wenig Salzwasser etwa 12 Minuten bissfest garen, dann aus dem Wasser nehmen und gut abtropfen lassen. Die Sauce über das warme Gemüse geben und mit den Eierhälften garnieren.

Tipp
Romanesco ist mit Blumenkohl verwandt und besonders gut für Magen- und Darmempfindliche.

Französische Rühreier mit Schinken

◆ *Eiweiß* | *Zubereitungszeit: 20 Min.*

Zutaten für 2 Personen
2 Tomaten, 2 Frühlingszwiebeln
2 Knoblauchzehen, 1 grüne Paprikaschote,
12 Blättchen Basilikum, 2 TL Olivenöl
1 TL frischer oder getrockneter Thymian
Pfeffer, Meersalz, 50 g roher oder gekochter
Rinderschinken, 1 TL Butter, 4 große Eier

1. Tomaten häuten, von den Stielansätzen befreien und grob würfeln. Die Frühlingszwiebeln waschen und putzen. Das Grün in Röllchen, das Weiße in Würfel schneiden. Knoblauch abziehen und hacken. Paprikaschote halbieren, putzen, waschen und in dünne Streifen schneiden. Basilikum waschen, trocknen und grob hacken.

2. Öl in einer Pfanne erhitzen. Frühlingszwiebeln und Knoblauch darin leicht anbraten. Tomaten und Paprika dazugeben und 5 Minuten dünsten. Mit Thymian, Pfeffer und Salz würzen.

3. In einer zweiten Pfanne Schinken in der heißen Butter braten. Aus der Pfanne nehmen.

4. Eier aufschlagen, mit Pfeffer und Salz würzen und gut verquirlen. Die Eiermasse im restlichen Bratfett zu einem Rührei fertig backen. Gemüse auf eine Platte geben. Rührei und Schinken locker darauf anrichten. Mit Basilikum bestreut servieren.

133

Blumenkohl-Eier-Auflauf
mit Würstchen

♦ *Eiweiß* | *Zubereitungszeit: 20 Min.*
Backzeit: ca. 25 Min.

Zutaten für 2 Personen
1 Blumenkohl
1 EL Gemüsebrühe (instant)
1 Zwiebel
4 Geflügelwürstchen
1 EL Öl, Meersalz, 4 Eier
100 ml Blumenkohlbrühe
2 EL Sahne
1 kleines Bund Schnittlauch

1. Den Blumenkohl waschen, putzen und in kleine Röschen zerteilen. Das Gemüse in einen Topf geben, mit Wasser bedecken und mit der Gemüsebrühe würzen. Zugedeckt in etwa 12 Minuten bissfest garen. Anschließend aus der Brühe nehmen und abtropfen lassen. Die Zwiebel abziehen und in Würfel schneiden. Die Würstchen in Scheiben schneiden. Zwiebelwürfel und Wurstscheiben mit dem Öl in einer Pfanne unter Rühren braten.

2. Die Eier mit der Blumenkohlbrühe, Salz und der Sahne gut verquirlen. Blumenkohl, Zwiebelwürfeln und Wurst vermischen, alles in eine Auflaufform geben und mit der Sauce übergießen. Im Backofen bei 180 °C 15 bis 18 Minuten überbacken.

3. Den Schnittlauch waschen, trocknen und in Röllchen schneiden. Den Auflauf mit den Schnittlauchröllchen bestreut servieren.

Schinkenspiegeleier
mit Rahmspinat

♦ *Eiweiß* | *Zubereitungszeit: 20 Min.*

Zutaten für 2 Personen
600 g Rahmspinat, TK
1 Zwiebel
100 g Schinken, z.B. Rinder- oder Lammschinken
1 EL Öl, 4 Eier, Pfeffer, Meersalz

1. Den Rahmspinat nach Packungsanweisung zubereiten.

2. In der Zwischenzeit die Zwiebel abziehen und fein hacken. Den Schinken in kleine Würfel schneiden. Das Öl in einer Pfanne erhitzen, Zwiebelwürfel und Schinken darin unter Rühren braten.

3. Die Eier nacheinander aufschlagen und über die Zwiebel-Schinken-Mischung geben. Mit Pfeffer und Salz würzen und die Eier stocken lassen. Zusammen mit dem Rahmspinat servieren.

Tipp
Diese schnell zubereitete Mahlzeit gilt bei uns als Klassiker und wird vor allem auch von Kindern geliebt. Untersuchungen ergaben, dass Spinat, der direkt vom Feld zu Tiefkühlkost verarbeitet wird, höchstens 20 Prozent seines Vitamingehaltes einbüßt.

Italienisches Omelett

♦ *Eiweiß* | *Zubereitungszeit: 20 Min.*

Zutaten für 2 Personen
1 kleines Bund Rucola
1 kleine rote Paprikaschote
1 kleine Zwiebel, 4 große Eier
Pfeffer, Meersalz, 1 EL Olivenöl
2 EL saure Sahne
4 EL Mais (TK oder aus der Dose)
2 EL gehackte Petersilie

1. Den Rucola waschen, trocknen und die harten Stiele entfernen. Die Paprikaschote halbieren, putzen, die Schotenhälften waschen und würfeln. Die Zwiebel abziehen und fein hacken.

2. Die Eier mit Pfeffer und Salz gut verquirlen. Zwiebelwürfel und die Hälfte des Rucolas mit dem Öl in einer beschichteten Pfanne kurz andünsten, dann die Eiermasse dazugießen. Die Pfanne mehrmals kurz rütteln, damit das Omelett nicht anbackt. Die Pfanne mit einem Deckel schließen und das Omelett stocken lassen.

3. Wenn das Omelett oben noch etwas cremig ist, die saure Sahne darauf verstreichen. Die Paprikawürfel, die restlichen Rucolablätter und den Mais darauf verteilen. Das Omelett zusammenklappen und mit der Petersilie bestreut servieren.

Avocado mit Eiern und Krabben

♦ *Eiweiß* | *Zubereitungszeit: 20 Min.*

Zutaten für 2 Personen
4 Eier
150 g gekochte Krabben (TK)
1 kleiner Eisbergsalat
1 kleines Bund Dill
1 EL Essig
1 EL Öl
1 TL Senf
Pfeffer, Meersalz
1 reife Avocado

1. Die Eier hart kochen, mit kaltem Wasser abschrecken, pellen und in Scheiben schneiden. Die Krabben auftauen lassen.

2. Den Salat putzen, waschen, abtropfen lassen und in schmale Streifen schneiden. Den Dill waschen und fein hacken.

3. Den Essig mit dem Öl, 3 EL Wasser, Senf, Pfeffer und Salz kräftig verrühren. Die Avocado halbieren, entsteinen, schälen und das Fruchtfleisch in schmale Spalten schneiden. Die Spalten sofort mit der Sauce beträufeln.

4. Den Salat auf einer Platte anrichten. Die Avocadospalten mit der Sauce, die Eierscheiben und Krabben darauf verteilen. Mit dem gehackten Dill bestreut servieren.

Käse

Wenn Sie es gerne herzhaft mögen, dann sind die folgenden Käserezepte genau das Richtige für Sie. Holen Sie sich Anregungen, probieren Sie Neues aus und variieren Sie leckere Käsegerichte mit Gemüse- oder Salatbeilagen frei nach Ihrem Geschmack.

Variationen mit Käse – Genuss pur

Käse ist eines der ältesten Grundnahrungsmittel der Menschheit. Hergestellt aus Kuh-, Ziegen- oder Schafsmilch, bisweilen sogar aus Rentier- oder Kamelmilch, erfreut sich das Milchprodukt immer größerer Beliebtheit.

Ob paniert, überbacken, als köstliches Gratin, Auflauf oder einfach nur als Brotbelag – der Phantasie sind bei Käsegerichten keine Grenzen gesetzt. Erstaunlich groß ist auch die Sortenvielfalt, die für den Trennköstler zunächst jedoch leicht verwirrend sein kann: Käse wurde früher nach der original Hayschen Trennkost hauptsächlich nach dem Fettgehalt unterschieden. Nur Käse über 60 Prozent Fett i. Tr. und Frischkäse zählten zur neutralen Kost und nur diese Käsesorten konnten mit Lebensmitteln aus der Kohlenhydratgruppe kombiniert werden. Heute können Sie, getreu nach Hays Grundsatz, dass gesäuerte Lebensmittel leichter verdaulich sind, auch Käsesorten mit geringerem Fettgehalt zusammen mit kohlenhydratreichen Nahrungsmitteln essen – vorausgesetzt, es handelt sich um Rohmilchkäse, der durch Milchsäurebakterien gesäuert wurde.

Käse wird in der Trennkost zwei Kategorien zugeordnet: Ein Teil zählt zur Eiweißgruppe, der andere zur Gruppe der Kombis bzw. Neutralen. Käsesorten, die zur Eiweißgruppe zählen, enthalten weniger als 60 Prozent Fett. Sie entstanden nicht in einem natürlichen Säuerungsprozess, sondern die Milch wurde pasteurisiert (d. h. vorher erhitzt) – infolgedessen ist der Käse für unsere Verdauungssäfte etwas schwerer aufspaltbar.

Übergewichtige Menschen bevorzugen, um Kalorien zu reduzieren, häufig magere Käsesorten. Was viele nicht wissen: In diesen Sorten befindet sich oft doppelt so viel Salz wie in den vollfetten Sorten.

Käsesorten, die zur Gruppe der Kombis zählen, sind dagegen, wie bereits erwähnt, aus naturbelassener roher Milch geschöpft, durch Milchsäurebakterien gesäuert und aufgeflockt und damit leichter verdaulich. Die Zuordnung der einzelnen Sorten entnehmen Sie bitte dem großen Kombiplan auf Seite 39 bis 41.

Mögliche Trennkost-Kombinationen für Käse

Käse aus der Eiweißgruppe passt zu allen Blattsalaten, Gemüsesorten, Pilzen, Oliven und Nüssen. Kombinierbar ist er auch mit säurereichem frischem Obst wie z. B. Beeren, Zitrusfrüchten sowie Stein- und Kernobst, ebenso mit Butter, Öl, Mayonnaise aus hochwertigen Ölen, Margarine aus ungehärteten Fetten, dem vollen Ei, süßer und saurer Sahne, Milch, Buttermilch, Kefir, Joghurt, Trinksauermilch, Quark, allen gekochten oder rohen Wurstwaren und Schinken.

Käsesorten, die zur Gruppe der Kombis zählen, lassen sich zudem kombinieren mit Kartoffeln, Nudeln, Reis, Getreide, Brot und Bier. Doch achten Sie bitte in Verbindung mit den Kohlenhydraten darauf, dass jetzt säurereiches Obst, gekochte Wurstwaren und Vollei die Verdauung stören.

Marinierter Schafskäse mit Grillpaprika (Foto S. 136)

♦ *Eiweiß | Zubereitungszeit: 15 Min. | Backzeit: 20 Min. | Zeit zum Marinieren: über Nacht*

Zutaten für 2 Personen
2 Knoblauchzehen, 4 EL Olivenöl
1 kleine Chilischote
1 EL Rosmarinnadeln
1 TL Thymianblättchen
200 g Schafskäse, 3 grüne Paprikaschoten
6 mittelgroße Tomaten
Meersalz

1. Den Knoblauch abziehen und fein hacken. Aus Öl, Chilischote, Rosmarin, Thymian und Knoblauch eine Marinade rühren. Den Schafskäse dazugeben und über Nacht im Kühlschrank ziehen lassen.

2. Am nächsten Tag die Paprikaschoten der Länge nach halbieren, entkernen und die Schotenhälften waschen. Die Tomaten mit kochendem Wasser überbrühen und enthäuten.

3. Die Paprikahälften auf ein Backblech legen und mit Thymian und Salz bestreuen. In jede Hälfte eine Tomate legen und nochmals mit Thymian und Salz würzen.

4. Das Gemüse mit etwas Marinade beträufeln und im Backofen bei 180 °C unter dem Grill etwa 20 Minuten garen. Den Käse aus der Marinade nehmen, gut abtropfen lassen und mit den gegrillten Paprikaschoten servieren.

Überbackenes Pizzabrot mit Gemüse

♦ *Kohlenhydrate | Zubereitungszeit: 15 Min. Backzeit: 10 Min.*

Zutaten für 2 Personen
1 rote Paprikaschote
1 kleine Stange Lauch
1 Zwiebel
1 EL Öl
Pfeffer
Meersalz
1 TL getrockneter Oregano
100 g Emmentaler Käse
2 große Scheiben Vollkornbrot

1. Die Paprikaschote halbieren, Trennwände und Kerne entfernen, die Schotenhälften waschen und in schmale Streifen schneiden. Den Lauch putzen, längs halbieren, waschen und in dünne Ringe schneiden. Die Zwiebel abziehen und in dünne Ringe schneiden.

2. Das Öl in einer Pfanne erhitzen. Paprika, Lauch und Zwiebel darin etwa 5 Minuten braten, bis der Gemüsesaft weitgehend verdunstet ist. Das Gemüse mit Pfeffer, Salz und Oregano würzen. Den Backofen auf 175 °C vorheizen.

3. Den Käse in Streifen schneiden. Die Brote toasten, mit dem Gemüse und Käse belegen und im Backofen etwa 8 bis 10 Minuten überbacken, bis der Käse leicht gebräunt ist. Die Pizzabrote heiß servieren.

Amerikanisches Schinken-Käse-Baguette

♦ *Kohlenhydrate | Zubereitungszeit: 15 Min.*

Zutaten für 2 Personen
4 Salatblätter, 1 große Tomate
50 g roher Schinken, z. B. Rinder- oder
Putenlachsschinken
60 g Camembert
2 Zweige Basilikum
1 Vollkornbaguette, 4 EL Joghurt

1. Die Salatblätter waschen, trocknen und grob zerkleinern. Die Tomate waschen, vom Stielansatz befreien und in dünne Scheiben schneiden.

2. Den Schinken in kleine Würfel schneiden. Den Camembert in Streifen schneiden. Die Basilikumblättchen von den Stielen zupfen, waschen und grob zerkleinern.

3. Das Baguette halbieren, nach Belieben toasten, dann mit dem Joghurt bestreichen. Mit Salatblättern, Tomatenscheiben, Basilikum, Schinken und Käse belegen. Mit der oberen Hälfte abdecken, in der Mitte durchschneiden und auf zwei Tellern servieren.

Tipp
Essen Sie dazu einen neutralen Salat (siehe Seiten 56 bis 61).

Straßburger Salat mit Erdbeeren und Schafskäse

♦ *Eiweiß | Zubereitungszeit: 20 Min.*

Zutaten für 2 Personen
100 g kleine Erdbeeren
1 Eichblattsalat
1 Bund Rucola
einige Minzeblättchen
2 EL Olivenöl
1 EL Balsamico-Essig
1 EL Zitronensaft
Pfeffer, Salz, 1 kleines Ei
250 g Schafskäse (z. B. Feta)
3 EL fein gemahlene Mandeln

1. Die Erdbeeren waschen, putzen und halbieren. Den Salat putzen, waschen, trocknen und in mundgerechte Stücke zerpflücken. Den Rucola waschen und die harten Stiele entfernen. Die Minzeblättchen in kleine Streifen schneiden.

2. Den Salat zusammen mit den Erdbeeren, Rucola und Minze auf einer Platte anrichten. 1 EL Olivenöl, den Balsamico-Essig, Zitronensaft, 2 EL Wasser, Pfeffer und Salz miteinander verrühren und den Salat mit dem Dressing beträufeln.

3. Das Ei mit einer Gabel kräftig aufschlagen. Den Schafskäse in 4 cm dicke Streifen schneiden, erst im Ei, dann in den Mandeln wenden. Den Käse mit dem restlichen Öl in einer beschichteten Pfanne rundum braten. Zusammen mit dem Salat servieren.

Bohnenauflauf
mit Mozzarella (Foto)

♦ *Eiweiß* | *Zubereitungszeit: 25 Min.* | *Backzeit: 15 Min.*

Zutaten für 2 Personen

400 g grüne Bohnen, Meersalz, 1 Zwiebel,
200 g Champignons, 1 EL Butter, 400 g Tomatenwürfel (aus der Dose), 4 EL Sahne
2 TL getrockneter Thymian, Pfeffer
1 TL Gemüsebrühe, 2 Kugeln Mozzarella

1. Die Bohnen waschen, die Enden abschneiden, eventuell die Fäden mit abziehen. Die Bohnen in etwa 3 cm lange Stücke schneiden. Salzwasser zum Kochen bringen, die Bohnen zugeben und in 12 bis 14 Minuten bissfest garen. Anschließend aus dem Wasser nehmen, etwas Bohnenwasser beiseite stellen.

2. Die Zwiebel abziehen und fein hacken. Die Champignons putzen und in Scheiben schneiden. Die Butter in einer beschichteten Pfanne erhitzen und die Zwiebel darin glasig werden lassen. Die Pilze zufügen und unter Rühren 5 Minuten braten.

3. Tomatenwürfel und Bohnen zu den Pilzen geben, alles mischen und dann in eine Auflaufform füllen. Den Backofen auf 200 °C vorheizen.

4. Die Sahne mit der Bohnenbrühe, dem Thymian, Pfeffer und der Gemüsebrühe gut verquirlen. Die Mischung über das Gemüse gießen. Den Käse in Stücke schneiden und gleichmäßig auf dem Auflauf verteilen.

5. Im Backofen etwa 12 bis 15 Minuten bei 180 °C überbacken, bis der Käse geschmolzen ist.

Käse-Wurst-Salat
mit Nüssen und Früchten

◆ *Eiweiß* | *Zubereitungszeit: 20 Min.*

Zutaten für 2 Personen
1 kleiner Friséesalat
125 junger Gouda oder milder Bergkäse
125 g Geflügelfleischwurst
1 große Möhre, 1 kleine Salatgurke
1 Bund Radieschen, 100 g Trauben, 1 Birne
2 EL gehackte Walnüsse
1 kleines Bund frischer Koriander
1 ½ EL Öl, 2 EL Zitronensaft
1 Msp. Zimt
einige Tropfen Stevia Fluid (siehe Seite 145)
oder 1 TL flüssiger Honig
Pfeffer, Meersalz

1. Den Salat putzen, waschen, trocknen und in mundgerechte Stücke zerpflücken.

2. Den Käse und die Wurst in kleine Streifen schneiden. Die Möhren schälen und grob raspeln. Die Gurke schälen und in kleine Stücke schneiden. Die Radieschen waschen, putzen und in Scheiben schneiden. Die Trauben waschen und halbieren. Die Birne waschen, vierteln, entkernen und in Würfel schneiden. Alles zusammen mit den gehackten Nüssen in einer Schüssel mischen.

3. Den Koriander waschen, trocknen und hacken. Aus Öl, Zitronensaft, Zimt, Stevia, 6 EL Wasser, Pfeffer und Salz eine Sauce rühren und mit dem Salat vermischen. Mit dem Koriander bestreut servieren.

Knoblauchkäse
mit Butterbrot und Rettich

♦ *Eiweiß | Zubereitungszeit: 15 Min. | Zeit zum Marinieren: 24 Std.*

Zutaten für 2 Personen
1 Zwiebel
1–2 Knoblauchzehen
200 g Handkäse oder Harzer Roller
5 EL Sahne
1 EL Öl
2 EL Obstessig
1 TL Kümmel
1 großer fester Rettich
Meersalz
2 Scheiben Bauern-Vollkornbrot
2 EL Butter

1. Zwiebel und Knoblauch abziehen und jeweils in kleine Würfel schneiden. Den Käse in kleine Stücke schneiden.

2. Aus der Sahne, 5 EL Wasser, Öl, Essig, Kümmel und den Zwiebel- und Knoblauchwürfeln eine Sauce rühren. Den Käse unterrühren und zugedeckt im Kühlschrank 24 Stunden ziehen lassen.

3. Am nächsten Tag den Rettich schälen und mit einem Spiralmesser in eine Spirale schneiden. Mit Salz bestreuen und kurze Zeit stehen lassen.

4. Die Brote mit der Butter bestreichen und zusammen mit dem eingelegten Käse und Rettich servieren.

Zucchini-Lasagne
mit Mozzarella

♦ *Eiweiß | Zubereitungszeit: 20 Min. Backzeit: 30 Min.*

Zutaten für 2 Personen
1–2 Knoblauchzehen
300 g Rinderhackfleisch, 1 EL Olivenöl
400 g Tomatenstücke (aus der Dose)
2 EL Tomatenmark, 100 ml Gemüsebrühe
1 TL Sambal Oelek, 1 TL Paprika edelsüß
1–2 TL Thymian, Pfeffer, Salz
2 EL Sahne, 2 Zucchini, 2 EL Parmesan
125 g Mozzarella, einige Basilikumblättchen

1. Knoblauch abziehen und fein hacken. Knoblauch und Hackfleisch mit dem Öl anbraten.

2. Tomatenstücke, Tomatenmark und Brühe dazugeben, mit Gewürzen und Salz abschmecken. Sahne unterrühren.

3. Zucchini waschen, putzen und längs in dünne Scheiben schneiden. Etwas Hackfleischsauce in eine Auflaufform geben, dann lagenweise Zucchinischeiben und Hackfleischsauce in die Form schichten. Dabei jeweils etwas Parmesan dazwischenstreuen. Mit der Sauce abschließen. Den Mozzarella in Würfel schneiden und die Lasagne damit belegen.

4. Die Auflaufform mit Alufolie abdecken und die Lasagne im Backofen bei 175 °C etwa 20 Minuten backen. Die Folie entfernen und weitere 8 bis 10 Minuten backen. Mit Basilikumblättchen garniert servieren.

Apfel-Gemüse-Salat
mit Käse

♦ *Eiweiß* | *Zubereitungszeit: 15 Min.*

Zutaten für 2 Personen
1 große rote Paprika
1 säuerlicher Apfel
1 EL Zitronensaft
1 kleines Bund Petersilie
150 g Gouda-Käse am Stück oder Fol Epi
200 g Maiskörner (TK oder aus der Dose)
7 EL Apfelsaft, naturrein
1 EL Öl
Meersalz
1 Msp. Cayennepfeffer

1. Die Paprikaschote halbieren, Trennwände und Kerne entfernen, die Schotenhälften waschen und klein würfeln. Den Apfel waschen, vierteln, entkernen, fein würfeln und mit dem Zitronensaft beträufeln. Die Petersilie waschen, trocknen und fein hacken.

2. Den Käse in kleine Würfel schneiden. Apfel, Käse, Paprika und Mais in einer Schüssel mischen.

3. Für das Dressing den Apfelsaft mit dem Öl, Salz und Cayennepfeffer verrühren. Den Salat damit anmachen. Mit der Petersilie bestreut servieren.

Gurken-Mais-Gemüse
mit Schafskäse

♦ *Neutral* | *Zubereitungszeit: 20 Min.*

Zutaten für 2 Personen
1 Salatgurke
1 Zwiebel
1 kleines Bund Dill
1 EL Öl
150 g Mais (TK)
Pfeffer
Meersalz
150 g Schafskäse, z. B. Feta

1. Die Gurke schälen, der Länge nach halbieren und das Fruchtfleisch in kleine Stücke schneiden. Die Zwiebel abziehen und fein hacken. Den Dill waschen, trocknen und fein hacken.

2. Das Öl in einer beschichteten Pfanne erhitzen und die Zwiebelwürfel darin glasig dünsten. Gurkenstücke und Mais zugeben, mit Pfeffer und Salz würzen und unter Rühren 5 bis 8 Minuten schmoren lassen.

3. Den Schafskäse darüberbröseln. Die Pfanne mit einem Deckel schließen und bei geringer Hitze weitere 5 Minuten braten, bis der Käse geschmolzen ist. Mit dem Dill garniert servieren.

Desserts

Die süßen Rezepte sollen Ihnen zeigen, dass auch »alternative« Süßspeisen köstlich schmecken können – und das ganz ohne Zugabe von raffiniertem Zucker! Weder der Genuss noch der Spaß an der Zubereitung kommen dabei zu kurz.

Süße Verführung ohne Reue

Liebevoll dekorierte Desserts, aus leckeren Zutaten zubereitet – wer kann da schon widerstehen? Doch sind solche Genüsse mit Trennkost überhaupt vereinbar? Aber natürlich, zumindest sofern es sich um trennkostgerechte Desserts handelt. Denn bei dieser Form der Ernährung geht es nicht um Verzicht, sondern um Spaß beim Essen und harmonisch zusammengestellte Gerichte, die unserer Verdauung guttun.

Trennkost-Desserts sind ein kulinarischer Genuss für alle Naschkatzen. Das Geheimnis: frische Früchte in cremig lockeren Joghurt- oder Quarkvarianten, die leicht verdaulich sind. Ohne den fruchtigen Geschmack und die zarte Süße von Obst ist eine Vielzahl von Desserts gar nicht vorstellbar. Und falls Sie nun an Obstsalat oder Bananenquark denken: Lassen Sie sich einfach überraschen, was man aus Früchten noch alles zaubern kann!

Generell können Sie ein Dessert unbeschwert genießen, wenn Sie sich an die Trennkostregeln halten. Auf eine kohlenhydratreiche Hauptmahlzeit sollte also kein Dessert aus der Eiweißgruppe folgen, ebenso umgekehrt. Dies bedeutet: Süßspeisen aus säurehaltigem Obst wie etwa Zitrusfrüchten, Beeren, Stein- oder Kernobst werden der Gruppe der Eiweiße zugeordnet und können nach Fleisch-, Fisch oder Eierspeisen als Dessert gereicht werden.

Desserts mit Früchten, die zur Gruppe der Kohlenhydrate zählen, z. B. Bananen, Datteln, Feigen und Trockenfrüchte, runden als Nachtisch ein Hauptgericht mit Getreide, Reis, Hirse, Bulgur, Amaranth, Quinoa, Nudeln oder Kartoffeln ab.

Möchten Sie gerne ein paar Pfunde abnehmen? Dann ist es besser, ein Dessert nicht als Nachtisch, sondern als Zwischensnack zu genießen.

Kalorienfreies Süßen bei vollem Geschmack

Damit ein Dessert nicht gleich zur Kalorienbombe wird, bietet sich Stevia als ideale Lösung zum Süßen an. Stevia – auch Süßkraut genannt – ist eine Pflanze aus Südamerika, die schon seit Jahrhunderten von den Ureinwohnern als Süßungsmittel für Speisen und Getränke sowie für medizinische Zwecke verwendet wird.

Die aus der Steviapflanze gewonnenen Extrakte sind ungiftig, kalorien- und kohlenhydratfrei und können die 300-fache Süßkraft von raffiniertem Zucker erreichen.

Inzwischen gibt es ein größeres Sortimentangebot, z. B. in flüssiger (Stevia Fluid) und in fein pulverisierter Form (Stevia ChrysaNova) oder in ähnlicher Konsistenz wie Kristallzucker (Stevia Groovia). Stevia darf in europäischen Ländern, außer der Schweiz, noch nicht als Süßungsmittel verkauft, sondern nur zu kosmetischen Zwecken oder im Dentalbereich angeboten werden. (Informationen zum Bezug von Stevia finden Sie auf Seite 186.) Statt Stevia können Sie zum Süßen auch Agaven, Apfel-, Birnendicksaft oder Frutilose sowie Honig oder Ahornsirup verwenden.

Geeistes Melonenpüree mit Ingwer

♦ *Eiweiß* | *Zubereitungszeit: 10 Min.* | *Kühlzeit: 2–3 Std.*

Zutaten für 4 Personen
1 Stück Ingwer, walnussgroß
10 Minzeblättchen
1 kleine Cantaloup- oder Netzmelone
Saft von ½ Zitrone
1 EL Stevia Groovia (siehe Seite 145)
oder 1 ½ EL flüssiger Honig
einige Sahnetupfer

1. Den Ingwer schälen und in sehr feine Würfel schneiden. Die Minzeblättchen waschen, trocknen und fein hacken. Einige Minzeblättchen für die Garnitur beiseite legen.

2. Das Melonenfleisch von der Schale lösen und zusammen mit dem Zitronensaft und Stevia bzw. Honig fein pürieren. Den Ingwer und die Minze unterrühren.

3. Alles in eine Metallschüssel geben und 2 bis 3 Stunden im Gefrierfach frosten lassen. Zwischendurch ab und zu umrühren, damit sich keine Eiskristalle bilden.

4. Das geeiste Melonenpüree in Dessertgläser füllen und mit Sahnetupfern und den restlichen Minzeblättchen garnieren.

Vanilleeis mit Rosinen und Rosenblättern

♦ *Neutral* | *Zubereitungszeit: 15 Min.* *Gefrierzeit: 5–6 Std.*

Zutaten für 2 Personen
2 EL Rosinen, 1 Vanilleschote
250 g Sahne, 1 TL abgeriebene Schale
einer unbehandelten Zitrone, 2 Eigelb
2 TL Stevia Groovia (siehe Seite 145) oder
1 ½ EL Honig, 125 g Joghurt
einige kleine Rosenblütenblätter

1. Die Rosinen mit kochendem Wasser übergießen, 5 Minuten ziehen lassen, dann das Wasser abgießen.

2. Die Vanilleschote mit einem scharfen Messer aufschlitzen und das Mark herauskratzen. Die Sahne mit 5 EL Wasser verdünnen und zusammen mit der abgeriebenen Zitronenschale und der Vanille erhitzen.

3. Das Eigelb mit dem Stevia bzw. Honig schaumig aufschlagen. Die heiße Sahne esslöffelweise in die Eigelbmasse rühren. Unter ständigem Rühren nochmals zum Siedepunkt bringen, dann von der Kochstelle nehmen. Rosinen und Joghurt hinzufügen und alles abkühlen lassen.

4. Die Masse in eine Metallschüssel geben und im Eisfach 1 ½ bis 2 Stunden gefrieren lassen. Zwischendurch umrühren, damit sich keine Eiskristalle bilden. Das Eis in Dessertschalen servieren und mit Rosenblättern dekorieren.

Litschi-Salat mit Joghurt

♦ *Eiweiß* | *Zubereitungszeit: 15 Min.*

Zutaten für 2 Personen
12 Litschis
200 g blaue Trauben
150 g Himbeeren (frisch oder TK)
2 EL Zitronensaft
1 TL Stevia Groovia (siehe Seite 145)
oder 1 EL Honig
4 Minzeblättchen
250 g Joghurt

1. Die Litschis schälen, vom Kern befreien und klein würfeln. Die Weintrauben waschen, halbieren und entkernen. Die frischen Himbeeren säubern, tiefgekühlte leicht antauen lassen und alles zusammen in einer Schüssel vorsichtig mischen.

2. Für die Sauce den Zitronensaft mit 70 ml Wasser und dem Stevia bzw. Honig verrühren und über den Obstsalat gießen. Mit der Minze garnieren und zusammen mit dem Joghurt servieren.

Tipp
Litschis zählen nicht nur in Asien zu den edelsten Früchten, sondern gelten auch in Europa dank ihres feinen Aromas als Delikatesse. Die Früchte regen nicht nur den Stoffwechsel an, sondern stimulieren auch die Nerven.

Apfel-Ananas-Salat mit Rosinen und Zimt (Foto S. 144)

♦ *Eiweiß* | *Zubereitungszeit: 10 Min.*

Zutaten für 2 Personen
2 EL ungeschwefelte Rosinen
1 reife Ananas
1 säuerlicher Apfel
50 ml frisch gepresster Orangensaft
½ TL Kardamom
1 TL Zimtpulver
1 TL Honig oder einige Tropfen Stevia Fluid (siehe Seite 145)
einige Minzeblättchen

1. Die Rosinen mit kochendem Wasser übergießen, 5 Minuten ziehen lassen, dann das Wasser abgießen.

2. Die Ananas mit einem spitzen Messer schälen, vom harten Strunk befreien und das Fruchtfleisch in kleine Würfel schneiden. Den Apfel waschen, vierteln, entkernen und ebenfalls klein würfeln.

3. Den Orangensaft mit dem Kardamom und Zimt verrühren und mit dem Honig bzw. Stevia leicht süßen. Die Rosinen dazugeben und die Sauce mit den Ananas- und Apfelwürfeln mischen. Mit den Minzeblättchen garnieren.

Crêpes
mit Heidelbeerfüllung (Foto)

♦ *Kohlenhydrate | Zubereitungszeit: 20 Min.*

Zutaten für 2 Personen

100 g feines Dinkelvollkornmehl
200 ml Kokosmilch, 2 Eigelb, 1 Prise Salz
6 TL Sonnenblumenöl, 250 g Quark
(20 % Fett i.Tr.), 2 EL Honig
200 g Heidelbeeren (TK)

1. Das Mehl mit der Kokosmilch, 150 ml Wasser, Eigelb und Salz zu einem dünnen, glatten Teig verrühren. Diesen 5 Minuten quellen lassen.

2. In einer kleinen beschichteten Pfanne (Ø 22 cm) 1 TL Öl erhitzen. 1 kleine Schöpfkelle Teig hineingeben und bei mittlerer Hitze den Crêpe von jeder Seite 1 bis 2 Minuten goldbraun backen.
Aus dem restlichen Öl und dem übrigen Teig 5 weitere dünne Crêpes backen. Anschließend beiseite stellen und im Backofen bei 80 °C warm halten.

3. Für die Füllung den Quark mit dem Honig und den Heidelbeeren verrühren. Die Crêpes mit der Füllung bestreichen und aufrollen. Warm oder kalt servieren.

Tipp

Heidelbeeren sind reich an wertvollen Schutz-vitaminen und sollen vorbeugend gegen Krebs wirken. In der Naturküche werden sie auch bei Magenschmerzen oder Durchfall eingesetzt.

Vanillepudding
mit Heidelbeeren

♦ *Kohlenhydrate | Zubereitungszeit: 15 Min. Kühlzeit: 1 Std.*

Zutaten für 2 Personen
200 g Heidelbeeren (frisch oder TK)
3 EL Honig oder 4 TL Stevia Groovia
(siehe Seite 145)
150 g Sahne
1 Päckchen Vanillepuddingpulver
einige Minzeblättchen

1. Die Heidelbeeren verlesen und waschen, tiefgekühlte leicht antauen lassen. Die Heidel-beeren mit 1 EL Honig bzw. 1 TL Stevia verrühren.

2. Die Sahne mit 350 ml Wasser mischen. 100 ml davon entnehmen, das Puddingpulver darin auflösen und mit dem restlichen Honig oder Stevia süßen.

3. Das Sahne-Wasser-Gemisch zum Kochen bringen, dann von der Kochstelle nehmen und das angerührte Puddingpulver einrüh-ren. Den Pudding unter Rühren 1 Minute leicht kochen lassen, anschließend in eine Dessertschüssel geben.

4. Die Heidelbeeren auf dem Pudding gleich-mäßig verteilen und etwas einsinken lassen. Mit den Minzeblättchen garnieren und gut gekühlt servieren.

Mohn-Walnuss-Joghurt

♦ *Neutral | Zubereitungszeit: 10 Min.*

Zutaten für 2 Personen
2 EL Rosinen
350 g Joghurt
2 TL Honig
2 EL gemahlener Mohn
2 EL grob gehackte Walnüsse

1. Die Rosinen mit heißem Wasser übergießen, einige Minuten quellen lassen, dann das Wasser abgießen.

2. Joghurt in zwei kleine Schälchen geben und mit dem Honig süßen. Den Mohn und die Rosinen unterrühren und alles mit den gehackten Walnüssen bestreuen.

Tipp
Obwohl Walnüsse einen hohen Fettgehalt aufweisen, dürfen Sie diese wertvollen Kerne guten Gewissens immer wieder essen, da sie überdurchschnittlich viele gesunde Omega-3-Fettsäuren enthalten. Zusammen mit Rosinen und Joghurt ist dieser Snack eine ideale Knochen-, Gehirn- und Fitnessnahrung.

Joghurt mit Pflaumenkompott und Zimt

♦ *Eiweiß | Zubereitungszeit: 10 Min. | Kühlzeit: 1 Std.*

Zutaten für 2 Personen
200 g frische Pflaumen
½ TL Stevia Groovia (siehe Seite 145)
bzw. 1 EL Honig
300 g Joghurt, 1–2 TL Zimt

1. Die Pflaumen waschen, halbieren, entsteinen und in kleine Stücke schneiden. Die Früchte in einen Topf geben und mit Wasser knapp bedecken.

2. Die Pflaumen mit dem Stevia bzw. Honig süßen und etwa 3 Minuten leise kochen lassen. Anschließend abkühlen lassen.

3. Den Joghurt mit 8 EL Pflaumensaft verrühren und in zwei hohe Dessertgläser geben. Das Pflaumenkompott gleichmäßig darauf verteilen. Mit dem Zimt bestreut servieren.

Tipp
Zimt gehört zusammen mit Anis, Kardamom, Nelken und Muskat zu den »Liebesgewürzen« und sollte nicht nur in der Weihnachtszeit zum Einsatz kommen. Denn das wertvolle Zimtöl enthält eine Substanz, die wie ein Antibiotikum wirkt.

Erdbeercreme mit Joghurt

♦ *Eiweiß | Zubereitungszeit: 15 Min.*
Kühlzeit: 5–6 Std.

Zutaten für 2 Personen
3 Blatt Gelatine
300 g Erdbeeren (frisch oder TK)
2 Eigelb
einige Tropfen Stevia Fluid (siehe Seite 145)
oder 2 EL Honig
350 g griechischer Joghurt
6 EL geschlagene Sahne

1. Die Gelatine in kaltem Wasser 5 Minuten einweichen.

2. Die Erdbeeren waschen und putzen. Einige schöne Früchte für die Garnitur beiseite legen. Die restlichen Erdbeeren mit dem Mixstab pürieren.

3. Das Eigelb schaumig aufschlagen. Das Erdbeerpüree kurz aufkochen, die ausgedrückte Gelatine unterrühren und das Ganze mit Stevia bzw. Honig süßen. Das heiße Püree tröpfchenweise mit dem Schneebesen unter die Eigelbmasse rühren.

4. Den Joghurt einrühren, etwas abkühlen lassen, dann die Sahne unterheben. Die Erdbeercreme in eine Dessertschüssel geben und im Kühlschrank etwa 5 bis 6 Stunden erstarren lassen. Mit den restlichen Erdbeeren garnieren.

Zitronenquark mit Erdbeermus

♦ *Eiweiß | Zubereitungszeit: 15 Min. | Kühlzeit: 1 Std.*

Zutaten für 4 Personen
500 g Erdbeeren
2 EL Stevia Groovia (siehe Seite 145) oder
4 EL Honig
500 g Quark (20 % Fett i. Tr.)
3 EL Zitronensaft
einige Minzeblättchen

1. Die Erdbeeren waschen, putzen und in kleine Stücke schneiden. Anschließend mit einer Gabel zerdrücken. Die Früchte in einen Topf geben und mit der Hälfte des Stevia bzw. Honigs süßen. Im offenen Topf 25 bis 30 Minuten bei geringer Hitze schonend einkochen lassen. Anschließend abkühlen lassen.

2. Den Quark mit dem restlichen Stevia bzw. Honig und Zitronensaft verrühren, dann in eine Dessertschüssel geben. Das Erdbeermus gleichmäßig darauf verteilen. Mit den Minzeblättchen garnieren.

Tipp
Das Rezept stammt noch aus der Zeit, als Zucker sehr teuer war. Man kochte die geernteten Früchte über einen längeren Zeitraum schonend ein, versiegelte dann die Gefäße und hatte über den Winter einen fruchtigen Beerenvorrat.

Joghurt mit gebratenen Apfelstückchen

♦ *Kohlenhydrate | Zubereitungszeit: 15 Min.*

Zutaten für 2 Personen
2 EL Pinienkerne
2 EL Rosinen
2 mürbe Äpfel
2 TL Butter
350 g Joghurt
1 ½ EL Honig
1–2 TL Zimt

1. Die Pinienkerne in einer Pfanne ohne Fett kurz rösten. Die Rosinen mit kochendem Wasser übergießen, 5 Minuten ziehen lassen, dann das Wasser abgießen.

2. Die Äpfel waschen, vierteln, schälen, entkernen und in kleine Würfel schneiden. Die Butter in einer Pfanne erhitzen und die Apfelstückchen darin unter Rühren braten. Anschließend aus der Pfanne nehmen und abkühlen lassen.

3. Den Joghurt mit dem Honig süßen. Die Apfelstücke und Rosinen unterrühren. Mit dem Zimt und den Pinienkernen bestreut servieren.

Ingwerbirnen mit Zimt und Kardamom

♦ *Eiweiß | Zubereitungszeit: 15 Min.*

Zutaten für 2 Personen
2 Birnen
2 EL Rosinen
1 EL Honig bzw. einige Tropfen Stevia Fluid (siehe Seite 145)
1 kleines Stück Ingwer, haselnussgroß
½ TL Zimt
1 Msp. Kardamom
2 Sahnetupfer

1. Die Birnen waschen, vierteln, schälen und das Kerngehäuse herausschneiden. Die Birnenviertel zusammen mit den Rosinen in einen Topf geben und knapp mit Wasser bedecken. Mit Honig bzw. Stevia süßen und zugedeckt 1 bis 2 Minuten leise kochen lassen.

2. Die Früchte aus dem Wasser nehmen, in zwei Dessertgläser geben und auskühlen lassen.

3. Den Ingwer schälen und sehr fein hacken. Die Ingwerstückchen mit dem Birnenkochwasser verrühren. Mit Zimt und Kardamom würzen. Den gewürzten Saft über die Birnen geben und mit je einem Sahnetupfer garnieren.

Gelee aus Mandarinensaft

♦ *Eiweiß | Zubereitungszeit: 10 Min.*
Kühlzeit: 8–10 Std.

Zutaten für 2 Personen
4 Blatt weiße Gelatine
500 ml frisch gepresster Mandarinensaft
1 TL abgeriebene Schale einer
unbehandelten Zitrone
1 EL Honig oder 1 TL Stevia Groovia
(siehe Seite 145)
einige Sahnetupfer

1. Die Gelatine in kaltem Wasser 10 Minuten einweichen. Den Mandarinensaft in einen Topf geben und einmal aufkochen lassen. Die ausgedrückte Gelatine, die abgeriebene Zitronenschale und den Honig bzw. Stevia einrühren.

2. Das noch flüssige Mandarinengelee in eine Glasschale füllen und im Kühlschrank erstarren lassen. Mit den Sahnetupfern garnieren.

Variante für 4 Personen:
Das erstarrte Mandarinengelee in Würfel schneiden. 350 Gramm Joghurt mit 1 EL Honig oder 1 TL Stevia Groovia leicht süßen. Die Würfel unter den Joghurt heben und mit Mandarinenspalten garnieren.

Götterspeise mit Himbeeren

♦ *Eiweiß | Zubereitungszeit: 10 Min.*
Kühlzeit: 8–10 Std.

Zutaten für 2 Personen
6 Blatt Gelatine
150 g Himbeeren (frisch oder TK)
einige Tropfen Stevia Fluid (siehe Seite 145)
oder 2 EL Honig
einige Sahnetupfer

1. Die Gelatine in kaltem Wasser 5 Minuten einweichen.

2. Die frischen Himbeeren putzen und waschen, tiefgekühlte Beeren leicht antauen lassen. Die Früchte in einen Topf geben, ½ l Wasser dazugeben und kurz aufkochen lassen.

3. Die Himbeeren durch ein Sieb streichen, den Saft dabei auffangen. Den Himbeersaft erneut erhitzen, die ausgedrückte Gelatine einrühren und alles mit Stevia bzw. Honig süßen.

4. Die Götterspeise in eine Glasschale füllen, abkühlen lassen und im Kühlschrank über Nacht erstarren lassen. Mit Sahnetupfern garnieren.

Tipp
Beeren stimulieren allgemein den Stoffwechsel, sind gut für die Verdauung und regen die Nierentätigkeit an.

Trennkost für Kinder

*Auch Kinder mögen Trennkost!
Die folgenden Gerichte sind zwar speziell
auf den Geschmack von Kindern und
Jugendlichen ausgerichtet, werden Ihnen
aber auch, wenn Sie kein Teenager mehr sind,
sehr gut schmecken. Falls die ganze Familie
mitessen möchte, verdoppeln Sie einfach
die Menge der Zutaten.*

Auftanken für den ganzen Tag

Kinder haben aufgrund der Wachstumsphasen und wegen ihres enormen Bewegungsdrangs einen überproportional hohen Energiebedarf. Daher sollten Sie bei Ihren Sprösslingen besonders auf hochwertige Ernährung achten.

Bereits beim Frühstück werden die Weichen für den ganzen Tag gestellt. Ebenso wichtig ist das Lunchpaket für die Pausen. Leider geht über die Hälfte der Schüler bei uns mit leerem Magen zur Schule. Die Folgeerscheinungen sind mangelnde Aufmerksamkeit und geringe Konzentrationsfähigkeit. Dies verschlimmert sich noch, wenn der Pausensnack nur kurzfristig Energie liefert: Statt belegter Brote oder frischem Obst gibt es bei vielen Schülern Süßigkeiten und Limonadengetränke. Diese zuckerhaltigen Nahrungsmittel sind schon so stark aufgeschlossen, dass sie besonders schnell ins Blut gelangen. Dadurch bewirken sie einen raschen Kick, der jedoch rasch wieder abflaut – denn dem plötzlichen Anstieg des Blutzuckerspiegels folgt durch die Bauchspeicheldrüse eine rasante Insulinausschüttung, die den Blutzuckerspiegel wiederum stark absenkt.

Gesundes Essen sollte ansprechend aussehen

Diese Berg- und Talfahrt des Blutzuckerspiegels macht müde, schlapp und lustlos und ist eine der Ursachen für das stetig wachsende Übergewicht bei Kindern. Daher sollte nicht nur im Elternhaus, sondern auch in den Schulkantinen großes Gewicht auf ein akzeptables Ernährungsangebot

Lassen Sie Ihr Kind morgens niemals mit nüchternem Magen aus dem Haus. Schon ein kleiner gesunder Happen, etwa eine Banane, Joghurt oder Milch mit pürierten Früchten, weckt die Lebensgeister und fördert die Konzentration.

gelegt werden. Natürlich muss dieses Angebot den Kindern schmackhaft gemacht werden.

Eine Umfrage ergab, dass die meisten Kinder gerne ein gesundes Pausenbrot mitnehmen würden, wenn es appetitlich wäre.

Einfach nur Butter und Wurst auf dem Brot ist langweilig. Wenn Sie Brote beispielsweise wie Sandwichs belegen, sind diese sehr viel ansprechender. Frische Gurken- oder Tomatenscheiben und Salatblätter zusätzlich zu Käse und Wurst machen ein belegtes Brot viel schmackhafter. Auch die Verpackung spielt eine wichtige Rolle. In Behältern mit einem gut schließenden Deckel lassen sich Lebensmittel hygienisch und unbeschädigt transportieren und verhindern zudem Fettspuren auf den Schulheften. Um Frische zu garantieren, gibt es inzwischen auch »Kühlmäuschen«, die kein großes Eigengewicht haben. Übrigens, Kindern macht Essen mehr Spaß, wenn sie selbst aktiv werden können. Lassen Sie sich darum von Ihren Sprösslingen anhand dieses Buches eine Essens-Checkliste erstellen. Sie werden überrascht sein: Viele Trennkostmahlzeiten kommen den Vorlieben von Kindern sehr entgegen!

Knuspermüsli auf Vorrat

◆ *Kohlenhydrate | Zubereitungszeit: 15 Min.*
Backzeit: 70–80 Min.

Zutaten für 30 Portionen
500 g Sesam, ungeschält
500 g Mandeln, geschält
500 g Haselnüsse, 1 kg Haferflocken
500 g Sonnenblumenkerne
1 kg Honig
1 Tasse Öl
500 g Rosinen

1. Sesam in einer Pfanne ohne Fett unter Rühren leicht rösten, dann beiseite stellen.

2. Die Mandeln und Haselnüsse in einen Gefrierbeutel geben und mit einem Fleischhacker grob zerkleinern.

3. Die Haferflocken in eine Schüssel geben. Sesam, Nüsse und Sonnenblumenkerne untermischen, dann alles zusammen mit dem Honig, Öl und 1 Tasse Wasser zu einer zähen Masse verkneten.

4. Die Müslimischung auf einem Kuchenblech verteilen und im Backofen bei 150 °C 70 bis 80 Minuten backen. Zwischendurch immer wieder umrühren. Das Knuspermüsli aus dem Ofen nehmen und abkühlen lassen.

5. Die Rosinen untermischen und die Mischung in eine Plätzchendose geben. Sie können das Müsli 3 bis 4 Wochen aufbewahren und haben so immer einen Vorrat für ein schnelles Frühstück oder eine Zwischenmahlzeit.

Röstbrot mit Gemüsesticks und Petersiliensauce (Foto S. 154)

◆ *Kohlenhydrate | Zubereitungszeit: 20 Min.*

Zutaten für 2 Personen
2 junge Möhren
1 kleiner Kohlrabi
1 rote Paprikaschote
3 Zweige Petersilie
2 EL saure Sahne
125 g Joghurt
1 TL Senf
Pfeffer
Kräutersalz
2 Scheiben Weizenvollkornbrot
4 EL Butter

1. Möhren und Kohlrabi waschen, schälen und in Stäbchen schneiden. Die Paprikaschote in schmale Streifen schneiden.

2. Die Petersilie waschen, trocknen und fein hacken. Die saure Sahne mit dem Joghurt, Senf, Pfeffer und Salz cremig verrühren. Die gehackte Petersilie mit der Sauce mischen.

3. Die Brote von beiden Seiten mit der Butter bestreichen und in einer heißen Pfanne von beiden Seiten knusprig rösten. Zusammen mit den Gemüsesticks und der Petersiliensauce servieren.

Cevapcici mit Tomatendip

♦ *Eiweiß | Zubereitungszeit: 25 Min.*

Zutaten für 2 Personen
3 reife Tomaten
1 Zweig Basilikum
Pfeffer, Meersalz
1 TL Honig
1 TL Paprikapulver, edelsüß
1–2 EL Tomatenmark
1 kleine Zucchini
200 g Rinderhackfleisch, doppelt durch den
Fleischwolf gedreht
1 kleines Ei
1–2 TL Gyrosgewürz
14 Kirschtomaten

1. Die Tomaten mit kochendem Wasser überbrühen, häuten, halbieren und entkernen.
Die Basilikumblättchen vom Stiel zupfen,
waschen und trocknen. Die Tomatenhälften
zusammen mit dem Basilikum, Pfeffer, Salz,
Honig, Paprikapulver und Tomatenmark mit
dem Mixstab fein pürieren. Den Dip kalt
stellen.

2. Für die Cevapcici die Zucchini fein raspeln.
Das Hackfleisch in eine Schüssel geben und
zusammen mit den Zucchiniraspeln und dem
Ei sorgfältig mischen. Mit dem Gyrosgewürz,
Salz und Pfeffer würzen.

3. Aus dem Fleischteig 12 kleine Röllchen formen und unter dem Grill von allen Seiten
rundum braten. Die Cevapcici zusammen mit
den Kirschtomaten und dem Dip servieren.

Gemüsesuppe mit Würstchen

♦ *Eiweiß | Zubereitungszeit: 35 Min.*

Zutaten für 2 Personen
1 junger Kohlrabi
2 Möhren
1 kleine Stange Lauch
125 g grüne Bohnen
2 EL Erbsen (TK)
1 EL Butter, 450 ml Gemüsebrühe
1 Lorbeerblatt, 1 Zweig Liebstöckel
Meersalz, Pfeffer
4 Geflügelwürstchen
2 EL gehackte Petersilie

1. Kohlrabi und Möhren waschen, putzen, schälen und in kleine Würfel schneiden. Den
Lauch putzen, längs halbieren, gründlich
waschen und in dünne Ringe schneiden. Die
Bohnen waschen, putzen und in etwa 3 cm
lange Stücke schneiden.

2. Die Butter in einem Topf erhitzen. Das
Gemüse zufügen und unter Rühren zart
anbraten. Mit der Gemüsebrühe löschen. Die
Suppe mit dem Lorbeerblatt, Liebstöckel,
Salz und Pfeffer würzen. Zugedeckt bei
geringer Hitze etwa 15 Minuten leise kochen
lassen.

3. Lorbeerblatt und Liebstöckel aus der Suppe
nehmen. Die Würstchen in die Suppe legen
und im offenen Topf weitere 5 Minuten ziehen lassen. Mit der gehackten Petersilie
bestreut servieren.

Würstchenspieße mit Ketchup und Cornichons (Foto)

♦ *Eiweiß* | *Zubereitungszeit: 25 Min.*

Zutaten für 2 Personen
1 Zucchini, 5 Geflügelwürstchen
10 Kirschtomaten, 2 EL Öl, Meersalz
1 TL Paprikapulver, edelsüß
3 EL Tomatenketchup, salzarm
1 TL Curry, 6 Cornichons

1. Die Zucchini waschen, den Blüten- und Stielansatz entfernen und die Frucht in Würfel schneiden. Die Würstchen in 2 bis 3 cm lange Stücke schneiden. Die Tomaten waschen.

2. Abwechselnd Zucchiniwürfel, Tomaten und Würstchenstücke auf ca. 20 cm lange Schaschlikspieße stecken.

3. Aus dem Öl, dem Salz und dem Paprikapulver eine Marinade rühren. Die Spieße mit der Würzmischung einpinseln und kurze Zeit ziehen lassen. Den Backofengrill auf 250 °C vorheizen.

4. Die Spieße unter dem Grill von allen Seiten je 3 bis 4 Minuten braten. Den Ketchup mit Curry verrühren und zusammen mit den Würstchenspießen und den Cornichons servieren.

Tipp
Tomatenketchup gehört nicht unbedingt in die Sparte der gesunden Nahrungsmittel. Doch sollten Sie hier großzügig sein, um Kindern auch mal Essenswünsche erfüllen zu können.

Rahmgeschnetzeltes
mit Pilzen und Gemüse

◆ *Eiweiß* | *Zubereitungszeit: 25 Min.*

Zutaten für 2 Personen
400 g Mischgemüse, z. B. Erbsen
mit Möhren (TK)
1 TL Gemüsebrühe (instant)
2 dünne Hähnchenschnitzel à 125 g
6 Champignons, mittelgroß
1 EL Sonnenblumenöl
150 ml Gemüsebrühe
1 EL Schmelzkäse, 1 EL Sojacreme
Pfeffer, Meersalz, 1 EL gehackte Petersilie

1. Das tiefgefrorene Gemüse in einen Topf geben, knapp mit Wasser bedecken und aufkochen lassen. Mit der Brühe würzen und zugedeckt in 8 bis 10 Minuten garen.

2. Das Fleisch quer zur Faser in schmale Streifen schneiden. Die Pilze putzen und fein hacken. Das Öl in einer beschichteten Pfanne erhitzen und das Fleisch darin bei mittlerer Hitze kräftig anbraten. Die Pilzwürfelchen zugeben, mit der Brühe ablöschen und zugedeckt 10 Minuten leise kochen lassen.

3. Den Schmelzkäse und die Sojacreme unterrühren. Die Sauce mit Pfeffer und Salz abschmecken.

4. Das Gemüse aus dem Wasser nehmen, gut abtropfen lassen und mit der Petersilie bestreuen. Zusammen mit dem Geschnetzelten servieren.

Grillbratwurst mit Möhrenpüree und Erbsen

♦ *Eiweiß* | *Zubereitungszeit: 30 Min.*

Zutaten für 2 Personen
300 g Möhren
2 TL Butter
80 ml Gemüsebrühe
200 g Erbsen (TK)
1 TL Honig
Meersalz
1 EL Petersilie, gehackt
4 Geflügelbratwürste
2 TL Senf

1. Die Möhren schälen, waschen und in Würfel schneiden. Die Butter in einem Topf erhitzen und das Gemüse darin unter Rühren zart anbraten. Die Gemüsebrühe dazugießen und zugedeckt 10 Minuten leise kochen lassen.

2. Die Möhren mit dem Mixstab grob pürieren. Die Erbsen dazugeben und weitere 8 bis 10 Minuten garen. Das Gemüse mit Honig und Salz abschmecken und mit der gehackten Petersilie bestreuen.

3. In der Zwischenzeit die Geflügelbratwürste auf einem Grill von allen Seiten braun braten. Zusammen mit dem Senf und dem Gemüse servieren.

Brathuhn mit Honigmöhren

♦ *Eiweiß* | *Zubereitungszeit: 20 Min.* | *Bratzeit: 1 Std.*

Zutaten für 2 Personen
1 küchenfertiges Brathuhn
2 EL Öl, Meersalz
je 1 TL Thymian und Rosenpaprika
1 Bund junge Möhrchen
1 EL Butter
1 TL Honig
Außerdem:
1 Bratbeutel

1. Den Backofen auf 180 °C vorheizen. Das Huhn innen und außen kalt abwaschen und trockentupfen.

2. Aus dem Öl, Salz, Thymian und Rosenpaprika eine Marinade rühren. Das Huhn damit einpinseln, in einen Bratbeutel geben und die Enden abbinden. Ein- bis zweimal in die Folie stechen, den Bratbeutel auf den Rost legen und im heißen Ofen etwa 1 Stunde braten.

3. 15 Minuten vor Ende der Garzeit den Bratbeutel öffnen, nochmals mit dem Sud bepinseln und das Fleisch bräunen lassen.

4. In der Zwischenzeit die Möhren waschen, schälen und in Scheibchen hobeln. Die Butter in einem Topf erhitzen und die Möhren darin unter Rühren zart anbraten. Den Honig dazugeben, etwas Wasser angießen und mit dem Salz leicht würzen. Zugedeckt 8 bis 10 Minuten bissfest dünsten. Zusammen mit dem Brathuhn servieren.

Kartoffelgratin
mit Paprikasticks

♦ *Kohlenhydrate | Zubereitungszeit: 30 Min.*
Backzeit: 15 Min.

Zutaten für 2 Personen
400 g Pellkartoffeln
1 große rote Paprikaschote
1 TL Butter, 125 ml Gemüsebrühe,
80 g Sahne, 125 g Greyerzer, gerieben
Pfeffer, Meersalz

1. Die Kartoffeln mit Schale in 25 Minuten garen. Die Paprikaschote halbieren, Trennwände und Kerne entfernen, die Schotenhälften waschen. Die eine Hälfte in kleine Würfel, die andere in schmale Streifen schneiden.

2. Die Paprikawürfel mit der Butter in einer Pfanne unter Rühren 2 bis 3 Minuten braten. Den Backofen auf 200 °C vorheizen.

3. Die Kartoffeln abgießen, pellen und in dünne Scheiben schneiden. Die Kartoffelscheiben zusammen mit den Paprikawürfeln in eine flache Auflaufform schichten.

4. Die Gemüsebrühe mit der Sahne aufkochen. Die Hälfte des Käses untermischen und alles mit Pfeffer und Salz würzen. Die Sauce über die Kartoffeln gießen.

5. Den restlichen Käse gleichmäßig auf den Kartoffeln verteilen. Das Gratin im Ofen etwa 15 Minuten überbacken. Zusammen mit den Paprikasticks servieren.

Folienkartoffeln
mit Matjesstipp

♦ *Kohlenhydrate | Zubereitungszeit: 20 Min.*
Backzeit: 15 Min.

Zutaten für 2 Personen
1 EL Rosinen
1 kleiner mürber Apfel, 1 rote Zwiebel
1 kleine Gewürzgurke, 4 Matjesfilets
175 g Joghurt, 5 EL saure Sahne
2 TL Obstessig
2 große gekochte Pellkartoffeln
1 kleine Salatgurke, Meersalz

1. Die Rosinen in heißem Wasser 5 Minuten ziehen lassen, dann das Wasser abgießen. Den Apfel waschen, vierteln, entkernen und in Würfel schneiden. Die Zwiebel abziehen und fein hacken. Die Gewürzgurke in Würfel schneiden. Die Matjesfilets entgräten und in Stücke schneiden.

2. Joghurt mit der sauren Sahne, Essig und Rosinen verrühren. Apfel-, Zwiebel- und Gurkenwürfel und Matjesstückchen dazugeben.

3. Die Kartoffeln in Alufolie wickeln und im Backofen bei 200 °C 15 Minuten backen. In der Zwischenzeit die Salatgurke schälen, in Scheiben schneiden und mit Salz bestreuen.

4. Die Kartoffeln aus dem Ofen holen. Der Länge nach einen tieferen Schnitt in die Folie machen, die Kartoffeln vorsichtig auseinanderdrücken und etwas Matjesstipp hineingeben. Mit den Gurkenscheiben anrichten.

161

Pizza mit Paprika (Foto)

♦ *Kohlenhydrate | Zubereitungszeit: 20 Min.*
Zeit zum Gehen: 40 Min. | Backzeit: 20 Min.

Zutaten für 2 Personen
1 Würfel frische Hefe
200 g feines Dinkelvollkornmehl
etwas Butter für die Form, Meersalz
je 1 große rote und grüne Paprikaschote
1 EL Öl, Kräutersalz, 1–2 TL Pizzagewürz
125 g Mozzarella
2 EL Parmesan, frisch gerieben

1. Die Hefe in 130 ml warmem Wasser auflösen. Die Hälfte des Mehls unterrühren und zugedeckt an einem warmen Ort 20 Minuten gehen lassen. Restliches Mehl und Salz zum Vorteig geben und alles verkneten. Den Teig in eine gefettete Pizzaform geben und weitere 20 Minuten zugedeckt gehen lassen. In der Zwischenzeit die Paprikaschoten halbieren, putzen und waschen. Die rote Paprika in große Stücke, die grüne Schote in Würfel schneiden.

2. Die roten Paprikastücke mit dem Öl in einer Pfanne 4 Minuten dünsten, dann mit dem Mixstab fein pürieren. Das Paprikapüree mit Kräutersalz und Pizzagewürz abschmecken und den Teig damit bestreichen.

3. Die grünen Paprikawürfel darauf verteilen. Den Mozzarella in Stücke schneiden und die Pizza damit belegen. Im Backofen bei 200 °C etwa 12 Minuten backen, dann mit dem Parmesankäse bestreuen und in weiteren 8 Minuten fertig backen.

Spaghetti mit Tomatensauce

♦ *Kohlenhydrate | Zubereitungszeit: 25 Min.*

Zutaten für 2 Personen
1 rote Paprikaschote, 1 EL Olivenöl
4 vollreife Tomaten
3 getrocknete Tomaten in Öl
Meersalz, 1–2 TL Pizzagewürz
160 g Spaghetti ohne Ei
2 EL frisch geriebener Parmesan

1. Die Paprikaschote halbieren, Trennwände und Kerne entfernen, die Schotenhälften waschen und in Würfel schneiden. Das Öl in einer Pfanne erhitzen und die Paprikawürfel darin unter Rühren sanft braten. Anschließend das Gemüse aus der Pfanne nehmen und auskühlen lassen.

2. Die Tomaten mit kochendem Wasser überbrühen, mit kaltem Wasser abschrecken, dann häuten und entkernen. Die getrockneten Tomaten abtropfen lassen.

3. Die gebratenen Paprikastückchen zusammen mit den frischen und den getrockneten Tomaten mit dem Mixstab fein pürieren. Die Sauce mit Salz und Pizzagewürz fein abschmecken.

4. Die Nudeln in reichlich Salzwasser bissfest garen, dann abgießen und sofort mit dem Käse vermischen. Die Spaghetti zusammen mit der Sauce servieren.

Nudeln mit Möhrenpesto, Schafskäse und Salami

♦ *Kohlenhydrate | Zubereitungszeit: 25 Min.*

Zutaten für 2 Personen
10 Mandeln, 250 g kleine Möhren,
1 EL Butter, 150 g Erbsen (TK), Meersalz
1 kleines Bund Petersilie, Pfeffer
60 g Rindersalami, 160 g Nudeln ohne Ei,
z. B. Hörnchen oder Spiralen
100 g Schafskäse, z. B. Feta

1. Die Mandeln grob hacken und in einer beschichteten Pfanne ohne Fett kurz rösten.

2. Die Möhren waschen, putzen und in Scheiben schneiden. Die Butter in einem Topf erhitzen, die Möhrenscheiben hinzufügen und unter Rühren kurz dünsten. 3 bis 4 EL Wasser dazugeben und zugedeckt etwa 10 Minuten leise kochen lassen. Anschließend mit dem Mixstab fein pürieren.

3. Die Erbsen in wenig Salzwasser 10 Minuten kochen, herausnehmen und abkühlen lassen. Petersilie waschen, trocknen und fein hacken.

4. Das Möhrenmus mit Mandeln, Erbsen und Petersilie mischen. Mit Pfeffer und Salz würzen. Die Salami in Würfel schneiden.

5. Die Nudeln in reichlich Salzwasser bissfest garen, dann abgießen. Die heißen Nudeln mit dem Pesto mischen. Den Schafskäse darüber bröseln und die Nudeln mit den Salamiwürfeln bestreut servieren.

Kokospfannkuchen mit Rosinen-Quark-Füllung

♦ *Kohlenhydrate | Zubereitungszeit: 20 Min.*

Zutaten für 2 Personen
100 g feines Dinkelvollkornmehl
1 TL Weinstein-Backpulver
200 ml Kokosmilch (aus der Dose)
2 Eigelb
1 Prise Meersalz
6 TL Öl
3 EL Rosinen
250 g Quark, 20 % Fett i. Tr.
2 EL Honig, 1 TL Zimt

1. Das Mehl mit dem Backpulver mischen und mit der Kokosmilch, 150 ml Wasser, Eigelb und Salz zu einem glatten Teig verrühren. 5 Minuten quellen lassen.

2. 1 TL Öl in einer kleinen beschichteten Pfanne (Ø 22 cm) erhitzen. 1 kleine Schöpfkelle Teig hineingeben und bei mittlerer Hitze den Pfannkuchen von jeder Seite 1 bis 2 Minuten backen. Aus dem restlichen Öl und dem Teig 5 weitere Pfannkuchen backen. Anschließend beiseite stellen und warm halten.

3. Für die Füllung die Rosinen mit kochendem Wasser übergießen, 5 Minuten ziehen lassen, dann das Wasser abgießen.

4. Den Quark mit Honig und Zimt verrühren. Die Pfannkuchen mit der Füllung bestreichen, mit den Rosinen bestreuen und aufrollen. Warm oder kalt servieren.

Kokos-Nuss-Reis
mit Apfelstückchen

♦ *Kohlenhydrate | Zubereitungszeit: 25 Min.*

Zutaten für 2 Personen
250 ml Kokosmilch
120 g Parboiled Vollkornreis
2 EL Rosinen
2 EL Haselnusskerne
1 mürber Apfel
2 TL Butter
1 EL Honig
1 TL Zimt

1. Die Kokosmilch in einen Topf geben und mit 1/8 l Wasser verdünnen. Den Reis dazugeben, einmal aufkochen lassen, dann zugedeckt bei schwacher Hitze 5 Minuten leise kochen lassen.

2. Die Rosinen hinzufügen und weitere 5 Minuten quellen lassen. Zwischendurch immer wieder umrühren, bis die Flüssigkeit fast verdampft ist.

3. Die Nüsse grob hacken. Den Apfel waschen, vierteln, schälen, entkernen und in kleine Würfel schneiden.

4. Butter und Honig in eine Pfanne geben und schmelzen lassen. Die Nüsse und Apfelwürfel zufügen und unter Wenden 4 bis 5 Minuten braten. Nüsse und Apfelstückchen zum Reis geben und das Reisgericht mit dem Zimtpulver bestreut servieren.

Apfel-Joghurt-Torte
ohne Backen

♦ *Kohlenhydrate | Zubereitungszeit: 25 Min.*
Kühlzeit: 3–4 Stunden

Zutaten für 12 Portionen
250 g Vollkornzwieback, 125 g weiche Butter
1 EL Honig, 2 mürbe Äpfel, 3 EL Rosinen
350 g Joghurt, 550 g Frischkäse
1 Pck. Tortenguss, klar, 1 EL Stevia Groovia
oder 5 EL Honig, 1–2 TL Zimt
4 EL Mandelblättchen

1. Den Zwieback fein mahlen. Zwiebackkrümel mit Butter und Honig gut verkneten. Den Teig auf dem Boden einer Springform (Ø 26 cm) verteilen und fest andrücken.

2. Die Äpfel waschen, schälen, entkernen und in Würfel schneiden. Diese mit den Rosinen in einen Topf geben, mit Wasser bedecken und zugedeckt bei schwacher Hitze 5 Minuten dünsten. Joghurt und Frischkäse cremig rühren.

3. In einem Topf den Tortenguss im Apfelkochwasser auflösen. Mit Stevia süßen, einmal aufkochen lassen und dann unter die Joghurt-Frischkäse-Creme rühren.

4. Die Hälfte der Creme auf den Tortenboden geben. Apfelstückchen und Rosinen darauf verteilen, mit Zimt bestäuben. Restliche Creme daraufgeben und glattstreichen. Die Torte 4 Stunden kühl stellen und vor dem Servieren mit den Mandelblättchen garnieren.

Trennkost für Partys und Feste

Auch Ihre Gäste können Sie mit Trennkost verwöhnen! Die zahlreichen Rezeptideen für leckere Gerichte, die leicht nachzukochen sind, zeigen Ihnen, dass trennkostgerechte Menüs auch für Partys oder festliche Anlässe hervorragend geeignet sind.

Kulinarische Highlights für besondere Anlässe

Wenn Sie Ihre Gäste mit einem sehr gutem und dennoch bekömmlichen Essen verwöhnen möchten, dann probieren Sie doch einmal das vielfältige Angebot der Trennkost aus!

Damit von der Vorspeise bis zum Nachtisch alles harmonisch zusammenpasst, sollten Sie sich schon im Vorfeld für ein Eiweiß- bzw. ein Kohlenhydratmenü entscheiden.
Auf den folgenden Seiten finden Sie einige Rezeptvorschläge für Hauptgerichte, die Sie jeweils mit einer kleinen Suppe oder einem Vorspeisensalat appetitlich und trennkostgerecht kombinieren können. Und damit auch alle Naschkatzen rundum begeistert sind, reichen Sie zum Nachtisch noch ein köstliches Dessert. Sie werden sehen: Ihre Gäste werden sich gerne an diese Einladung zurückerinnern!

Mit Trennkost lässt sich hervorragend brunchen

Warum laden Sie nicht an einem Wochenende einmal Gäste zum ungezwungenen »Trennkost-Brunch« ein?
Besonders vielfältig, fruchtig und bunt können Sie einen Eiweißbrunch gestalten. Beginnen Sie mit frischen Obstsorten wie Ananas, Trauben, Orangen, Melonen, Kiwi oder anderen Früchten der Saison. Dazu können Sie verschiedene Käsesorten, Salate aus Fleisch oder Fisch, Eierspeisen, eine leichte Suppe, Würstchen und Steaks anbieten. Salate und Gemüse bieten, neben Saucen, eine weitere reichhaltige Palette. Auch süße Desserts wie Erdbeermousse oder Mangosorbet haben

Natürlich dürfen Sie es Ihren Gästen nicht übel nehmen, wenn diese das Trennungsprinzip nicht ganz einhalten. Übersehen Sie es großzügig, wenn zu einem Fleischgericht Kartoffeln oder Nudeln gegessen werden oder im umgekehrten Fall zur Folienkartoffel ein Stück Fleisch.

beim Trennkostbrunch mit Gerichten aus der Eiweißgruppe einen festen Platz. Als Getränke eignen sich neben Kaffee und Tee insbesondere Mineralwasser, Weinschorle, gespritzter Apfelwein, Cidre und verdünnte Obstsäfte.

Auch ein Brunch mit Kohlenhydraten kann sehr vielfältig und äußerst geschmackvoll sein. Hier bieten sich Müsli, Honig, Bananen, Heidelbeeren, abgelagerte Äpfel, Datteln und Feigen an. Dazu können Sie nach Belieben frische Vollkornbrötchen, verschiedene Brotsorten, aber auch Pell- oder Folienkartoffeln, Nudeln, Hirse- oder Reisgerichte mit Gemüse servieren. Zu Brot und Brötchen wiederum passen Käsesorten aus der neutralen Spalte, Räucherlachs, Matjes, roher Rinderschinken, Bündner Fleisch oder ganz frisches Tatar.
Leckere Saucen aus Quark, Joghurt oder saurer Sahne runden den Kohlenhydrat-Brunch ab. Großen Anklang bei allen Gästen finden natürlich Gemüsekuchen und Pizza. Und schließlich dürfen auch hier frische Salate, Rohkost oder Gemüsegerichte nicht fehlen. Für süße Leckermäuler gibt es Apfel-Mandel-Kuchen oder Apple Crumble mit Schmand. Als Getränke eignen sich beim Kohlenhydrat-Brunch neben Kaffee und Tee Mineralwasser.

Rouladen in Rotweinsauce

(Foto S. 166)

♦ *Eiweiß* | *Zubereitung: 30 Min.* | *Garzeit: 1 ¹/₂ Std.*

Für 4 Personen

2 große Zwiebeln, 2 Gewürzgurken
4 Rinderrouladen à 180 g
2 EL Senf, Pfeffer
4 Scheiben Rinderschinken
1 ¹/₂ EL ungehärtetes Kokosfett
¹/₈ l Rotwein, 1 EL Gemüsebrühe (instant),
Meersalz, 1–2 Lorbeerblätter
3 EL getrocknete Steinpilze
5 EL Sahne, 6–7 Messlöffel Biobin

1. Die Zwiebeln abziehen, vier Spalten davon abschneiden, den Rest in Würfel schneiden. Die Gurken der Länge nach halbieren. Die Rouladen abspülen, trockentupfen und ausbreiten. Mit Senf bestreichen und mit Pfeffer würzen. Mit dem Schinken, Zwiebelspalten und Gurkenhälften belegen. Die Rouladen aufrollen und mit Holzspießchen feststecken.

2. Das Fleisch mit dem Fett in einem Bräter rundherum braun anbraten. Zwiebeln dazugeben, kurz mitbraten und alles mit Rotwein löschen.

3. Die Rouladen knapp mit Wasser bedecken. Gemüsebrühe, Pfeffer, Salz, Lorbeerblatt und Pilze hineingeben und zugedeckt 1 ¹/₂ Stunden leise kochen lassen. Das Fleisch aus der Sauce nehmen, das Lorbeerblatt entfernen. Die Sahne unterrühren und die Sauce mit Biobin binden.

Ungarische Gulaschsuppe

♦ *Eiweiß* | *Zubereitung: 25 Min.* | *Garzeit: 2 Std.*

Für 6 Personen

3 Zwiebeln
je 1 rote und 1 grüne Paprikaschote
750 g mageres Rindfleisch
2 EL ungehärtetes Kokosfett
3 EL Paprikapulver edelsüß
200 ml Rotwein
600 g Tomatenwürfel (aus der Dose)
4 EL Tomatenmark
5 Knoblauchzehen, ungeschält
1 Zweig Rosmarin, 1 EL getrockneter
Thymian, 3 TL Sambal Oelek
1 l Gemüsebrühe, Pfeffer, Meersalz
4 EL Sahne

1. Die Zwiebeln abziehen und in Ringe schneiden. Die Paprikaschoten halbieren, putzen, waschen und klein würfeln.

2. Das Fleisch abspülen, trockentupfen, in Würfel schneiden, dann mit dem Fett in einem Bräter rundherum scharf anbraten.

3. Zwiebelringe und Paprikawürfel dazugeben und mit dem Paprikapulver bestäuben. Einige Minuten bei starker Hitze unter Rühren braten, dann alles mit dem Rotwein löschen.

4. Tomatenwürfel, Tomatenmark, Knoblauch, Kräuter und Sambal Oelek dazugeben, mit der Gemüsebrühe auffüllen und alles zugedeckt etwa 2 Stunden leise kochen lassen. Mit Pfeffer und Salz abschmecken und die Suppe mit der Sahne verfeinern.

Rindfleisch in Chilisauce aus dem Wok

♦ *Eiweiß* | *Zubereitungszeit: 40 Min.*
Marinierzeit: 1 Std.

Zutaten für 4 Personen
700 g Rindfleisch, z. B. Rouladenfleisch
1 rote Chilischote, 2–3 Knoblauchzehen
10 EL Sojasauce, 125 ml Rotwein
2 EL Zitronensaft, 1 kg grüne Bohnen
Meersalz. 1 ½ EL Öl
600 g Tomatenstücke (aus der Dose)
2–3 EL Tomatenmark, 1–2 TL rote
Currypaste, 3 Zweige glatte Petersilie

1. Das Fleisch abspülen, trockentupfen, dann quer zur Faser in Streifen schneiden. Die Chilischote halbieren, Kerne entfernen, Schotenhälften waschen und in Ringe schneiden. Den Knoblauch abziehen und fein hacken. Die Sojasauce mit Rotwein, Zitronensaft, Chili und Knoblauch verrühren und die Fleischstreifen etwa 1 Stunde darin ziehen lassen.

2. Die Bohnen waschen, putzen, in Stücke schneiden und in Salzwasser bissfest garen.

3. Das Öl in einem Wok erhitzen. Das Fleisch aus der Marinade nehmen, abtropfen lassen und bei starker Hitze im Wok von allen Seiten einige Minuten braten. Bohnen und Tomaten, dann die Marinade dazugeben. Das Tomatenmark und die Currypaste unterrühren und das Gericht zugedeckt 8 bis 10 Minuten leise kochen lassen. Mit der Petersilie garniert servieren.

Putenkeule mit Apfel-Lauch-Gemüse

♦ *Eiweiß* | *Zubereitungszeit: 40 Min.* | *Garzeit: 3 Std.*

Für 4 Personen
1 große Putenoberkeule, Meersalz
1 TL Honig, 1 großer säuerlicher Apfel
1, 2 kg Lauch, 1 ½ EL Butter
Curry, 100 ml Gemüsebrühe
3 EL Crème fraîche

1. Das Fleisch waschen, trockentupfen und rundherum mit Salz einreiben. 2 Tassen Wasser in eine Fettpfanne geben, die Putenkeule in das Wasser legen und im Backofen bei 140 °C in etwa 2 ½ Stunden langsam garen lassen. Das Fleisch immer wieder mit Bratensaft begießen.

2. Den Honig mit 1 TL Salz und 2 EL Wasser verrühren. 15 Minuten vor Ende der Garzeit das Fleisch mit der Honig-Salz-Mischung bestreichen und knusprig braten.

3. Den Apfel waschen, vierteln, entkernen und in Würfel schneiden. Den Lauch putzen, der Länge nach aufschneiden, waschen und in Ringe schneiden.

4. Apfelwürfel und Lauch mit der Butter bei schwacher Hitze unter Rühren 5 Minuten dünsten. Mit Salz und Curry würzen, mit Brühe ablöschen und zugedeckt etwa 5 bis 7 Minuten leise kochen lassen. Das Gemüse mit der Crème fraîche verfeinern und zusammen mit der Putenkeule servieren.

Raclette amerikanisch (Foto)

♦ *Neutral | Zubereitungszeit: 35 Min.*

Zutaten für 6 Personen
2 rote Paprikaschoten, 2 Zucchini
1 kleiner Blumenkohl, 1 Brokkoli, Meersalz
250 g Champignons, 5 Tomaten
1 große Ananas, 300 g Mais (TK oder aus der
Dose), 500 g Schinken, dünn geschnitten
1,2 kg Raclettekäse, in $\frac{1}{2}$ cm dicke Scheiben
geschnitten

1. Die Paprikaschoten halbieren, putzen, waschen und in kleine Würfel schneiden. Zucchini waschen, putzen und in Scheiben schneiden. Blumenkohl und Brokkoli waschen, putzen und in kleine Röschen zerteilen. Das Gemüse in leicht gesalzenem Wasser nacheinander je 2 bis 3 Minuten blanchieren.

2. Die Champignons säubern und in Scheiben schneiden. Die Tomaten waschen, von den Stielansätzen befreien und in Scheiben schneiden. Die Ananas schälen, vom harten Strunk befreien und in kleine Würfel schneiden. Alle Zutaten getrennt in kleine Schälchen geben.

3. Schinken und Käse auf Tellern anrichten. Das Raclettegerät vorheizen. Die Pfännchen nach Belieben mit Gemüse, Ananas, Schinken und Käse belegen und das Gemüse und alles im Racletteofen goldbraun überbacken.

> **Tipp**
> *Um Ihre Gäste zu verwöhnen, können Sie einen leichten Weißwein dazu reichen.*

Pizza Mario vom Blech

♦ *Kohlenhydrate | Zubereitungszeit: ca. 30 Minuten Backzeit: ca. 20 Minuten*

Zutaten für 4 Personen
280 g Dinkelvollkornmehl, 125 g Magerquark, 1 Eigelb, 4 EL Öl, ½ TL Salz, 1 Päckchen Backpulver, Butter für das Blech, 2 rote Paprikaschoten, Meersalz, 2 TL Thymian 1 TL Sambal Oelek, 1 Gemüsezwiebel 2 grüne Paprikaschoten 200 g Champignons, 1–2 TL Oregano, 200 g geriebener Greyerzer 1 kleines Bund Rucola

1. Das Mehl mit Quark, Eigelb, Salz und Backpulver zu einem Teig verkneten, ihn dann auf einem gefetteten Backblech gleichmäßig verteilen.

2. Die roten Paprikaschoten putzen, in Stücke schneiden und mit dem Mixstab fein pürieren. Mit Salz, Thymian und Sambal Oelek würzen.

3. Die Zwiebel abziehen und in Ringe schneiden. Die grünen Paprikaschoten waschen, putzen und in schmale Streifen schneiden. Die Champignons säubern und in dünne Scheiben schneiden.

4. Das Paprikapüree auf dem Teig verstreichen und mit Zwiebeln, Paprika und Pilzen belegen. Mit Oregano würzen, den Käse darüber streuen und im Backofen bei 200 °C etwa 18 bis 20 Minuten backen. Rucola waschen. Die Pizza aus dem Ofen nehmen und mit Rucola garnieren.

Würzige Reis-Gemüse-Pfanne mit Schafskäse

♦ *Kohlenhydrate | Zubereitungszeit: 35 Min.*
Garzeit: 20 Min.

Zutaten für 4 Personen
1 große rote Paprikaschote, 2 EL Öl
½ rote Chilischote, 3 Frühlingszwiebeln
250 g Champignons, 2 gelbe Paprikaschoten
150 g Erbsen (TK), 250 g Naturreis
1 EL Gemüsebrühe, Kräutersalz
1–2 TL Curry, 250 g Schafskäse, z. B. Feta

1. Die rote Paprikaschote halbieren, entkernen, waschen und in Streifen schneiden. Die Paprikastreifen mit dem Öl in einer Pfanne anbraten.

2. Die Chilischote putzen, waschen und in Ringe schneiden. Die Frühlingszwiebeln waschen und putzen. Das Grün in Röllchen, das Weiße in Würfel schneiden. Die Champignons putzen, waschen und in Scheiben schneiden. Die gelben Paprikaschoten halbieren, entkernen, waschen und in Würfel schneiden.

3. Im restlichen Öl die Zwiebeln glasig dünsten. Chili, Pilze, gelbe Paprikawürfel, Erbsen und Reis dazugeben und unter Rühren scharf anbraten. Mit Wasser knapp bedecken, die Brühe dazugeben und den Gemüsereis 15 bis 20 Minuten offen schmoren lassen.

4. Den Reis mit Salz und Curry würzen. Kurz vor Ende der Garzeit den Schafskäse darüber bröseln. Mit roten Paprikastreifen garnieren.

Hausgebeizter Lachs mit Meerrettich-Sahne

♦ *Neutral | Zubereitungszeit: 15 Min.*
Zeit zum Beizen: 36–48 Std.

Zutaten für 8 bis 10 Personen
1 kleines Bund Dill
1,2 kg frisches Lachsfilet
6 gehäufte EL Salz, 3 EL Honig
2 EL hochwertiges Öl, 250 g Sahne
8 TL Meerrettich aus dem Glas

1. Dill waschen, trocknen und fein hacken.

2. Den Fisch entgräten, abspülen und mit Küchenpapier trockentupfen. Eine längliche Auflaufform mit Alufolie auslegen und mit 2 EL Salz bestreuen. Das Lachsfilet mit der Hautseite nach unten auf das Salz legen.

3. Das restliche Salz mit dem Honig zu einer Paste verrühren. Die obere Seite des Lachses damit dick einpinseln, dann mit dem gehackten Dill bestreuen.

4. Den Fisch in die Alufolie wickeln und im Kühlschrank 24 Stunden beizen. Anschließend den Lachs mit dem Öl beträufeln und eingepackt weitere 12 bis 24 Stunden gekühlt reifen lassen. Den Lachs aus der Folie nehmen, mit Küchenpapier trockentupfen. Mit einem Lachsmesser dünne Scheiben abschneiden.

5. Die Sahne steif schlagen und mit dem Meerrettich verrühren. Zusammen mit den Lachsscheiben servieren.

Erdbeer-Mousse mit Sahnequark

♦ *Eiweiß | Zubereitungszeit: 20 Min.*
Kühlzeit: über Nacht

Zutaten für 4 Personen
4 Blatt Gelatine
500 g Erdbeeren (frisch oder TK)
3 Eigelb von frischen Eiern
1 ½ EL Stevia Groovia (siehe Seite 145) oder
150 g Honig, 250 g Quark (40 % Fett i. Tr.)
250 g Sahne
einige Sahnetupfer zum Garnieren

1. Die Gelatine in kaltem Wasser 5 Minuten einweichen.

2. Die Erdbeeren waschen, putzen und in Stücke schneiden. Die Früchte mit dem Mixstab fein pürieren. Einige schöne Früchte für die Garnitur beiseite legen.

3. Das Eigelb in einer Schüssel schaumig schlagen. Das Erdbeerpüree kurz aufkochen, die ausgedrückte Gelatine unterrühren und mit dem Stevia bzw. Honig süßen. Das sehr heiße Püree tröpfchenweise mit dem Schneebesen unter den Eigelbschaum rühren.

4. Den Quark unterrühren, dann etwas abkühlen lassen. Die Sahne steif schlagen und unter die Erdbeermousse heben. Anschließend in eine Glasschüssel geben und im Kühlschrank über Nacht erstarren lassen. Die Mousse mit einigen Sahnetupfern und den restlichen Erdbeeren garnieren.

Feines Mangosorbet mit Minze

♦ *Eiweiß | Zubereitungszeit: 20 Min.*
Gefrierzeit: etwa 3 Std.

Zutaten für 4 Personen
2 reife Mangos, 2 Eigelb, 160 g Sahne
1 ½ EL Stevia Groovia (siehe Seite 145)
oder 4 EL flüssiger Honig
einige Minzeblättchen

1. Die Mangos schälen und das Fruchtfleisch von den Steinen schneiden. Das Fruchtfleisch mit dem Mixstab fein pürieren.

2. Das Eigelb in eine Metallschüssel geben und mit dem Schneebesen cremig aufrühren.

3. Die Sahne mit 160 ml Wasser aufkochen. Esslöffelweise die kochende Flüssigkeit unter das Eigelb rühren.

4. Das Mangopüree zufügen und alles mit dem Stevia bzw. Honig süßen. Das Mangosorbet unter Rühren abkühlen lassen, dann im Gefrierfach etwa 3 Stunden gefrieren lassen. Zwischendurch immer wieder umrühren, damit sich keine Eiskristalle bilden. Anschließend in Dessertgläser geben und mit den Minzeblättchen garnieren.

Apfel-Mandel-Kuchen (Foto)

♦ *Kohlenhydrate | Zubereitungszeit: 20 Min.*
Backzeit: 30 Min.

Zutaten für 4 Personen
3 Eigelb, 6 EL Öl, 150 g Honig, 5 EL Sahne
Salz, 2 EL abgeriebene Schale einer unbehandelten Zitrone, 250 g Dinkelvollkornmehl
2 TL Weinstein-Backpulver, 2 große mürbe
Äpfel, 80 g Butter, 150 g gehackte Mandeln,
70 g Sahne, 120 g Honig

1. Das Eigelb mit dem Öl und Honig schaumig schlagen. Die Sahne mit 3 EL kaltem Wasser mischen und nach und nach unter den Teig rühren. Salz und Zitronenschale dazugeben. Das Dinkelmehl mit dem Backpulver mischen und esslöffelweise unter den Teig rühren. Den Teig kurze Zeit quellen lassen.

2. Die beiden Äpfel schälen, vierteln, entkernen und die Früchte in Würfel schneiden. Die Apfelwürfel sofort unter den Teig rühren. Anschließend den Backofen auf 160 °C vorheizen.

3. Eine Springform (Ø 26 cm) mit etwas Butter einfetten, den Teig hineingeben und glatt streichen.

4. Für den Belag die restliche Butter in einer Pfanne schmelzen. Die gehackten Mandeln zusammen mit der Sahne und dem Honig dazugeben, unter ständigem Rühren kurz aufkochen lassen und die Masse noch heiß auf dem Teig verteilen.

5. Den Kuchen auf der mittleren Schiene im Backofen 25 bis 30 Minuten goldbraun backen.

Apple Crumble
mit Schmand

◆ *Eiweiß* | *Zubereitungszeit: 20 Min.*
Backzeit: 40 Min.

Zutaten für 4 Personen
2 Eiweiß, 40 g gemahlene Mandeln
1 TL Stevia Groovia (siehe Seite 145) oder
2 TL Honig, etwas Butter für die Form
80 g Rosinen, 2 große, saftige Äpfel
2–3 EL Zitronensaft, 70 g gehackte Mandeln
1 TL Zimt, 200 g Schmand, 3 EL Sahne,
2 Eigelb, 1 TL Stevia Groovia oder
2 TL Honig

1. Das Eiweiß steif schlagen. Die gemahlenen Mandeln und Stevia oder Honig unter den Eischnee heben. Den Teig in eine gefettete Auflaufform geben und gleichmäßig darin verteilen. Im Ofen bei 160 °C etwa 8 bis 10 Minuten vorbacken.

2. Die Rosinen mit kochendem Wasser übergießen, 5 Minuten ziehen lassen, dann das Wasser abgießen. Die Äpfel waschen, vierteln, entkernen und in kleine Würfel schneiden. Sofort mit dem Zitronensaft beträufeln. Rosinen und Mandeln untermischen und mit ½ TL Zimt fein würzen. Die Apfelwürfel gleichmäßig auf dem Teig verteilen.

3. Den Schmand mit Sahne, ½ TL Zimt und Eigelb cremig verrühren. Mit Stevia oder Honig süßen und über die Äpfel gießen. Im Backofen 30 Minuten bei 160 °C überbacken. Den Apple Crumble aus der Form servieren.

Frühstücke

Die folgenden Rezepte (ausreichend für eine Person) zeigen Ihnen, wie abwechslungsreich Sie mit Trennkost den Tag beginnen können – egal, ob Sie eine eiweiß – oder eine kohlenhydratreiche Mahlzeit zu sich nehmen. Wenn mehrere am Frühstückstisch sitzen, multiplizieren Sie die Mengenangaben einfach mit der Zahl der Personen.

Obstfrühstück

♦ *Eiweiß | Zubereitungszeit: ca. 10 Min.*
Obst in beliebiger Menge (z. B. Ananas, Orangen, Mandarinen, Äpfel, Birnen, Erdbeeren) in appetitliche Stücke schneiden.
Diese Obstsorten enthalten viel Fruchtsäure, daher sollten sie nicht gleichzeitig mit kohlenhydratreichen Bananen, Datteln und Feigen verzehrt werden.

Banane mit Joghurtsauce

♦ *Kohlenhydrate | Zubereitungszeit: ca. 10 Min.*
1 Banane schälen und in Scheiben schneiden.
125 g Joghurt mit 1 TL Zimt und 2 TL Ahornsirup verrühren und über die Bananenscheiben geben. Mit 1 Teelöffel gehackten Haselnüssen bestreut servieren.

Rosinen-Buttermilch-Müsli

♦ *Kohlenhydrate | Zubereitungszeit: ca. 10 Min.*
4 EL kernige Haferflocken in eine kleine Schale geben und mit 2 EL Rosinen vermischen.
150 g Buttermilch zugeben und mit 2 TL Honig abschmecken. Mit 1 EL Sonnenblumenkernen bestreuen.

Apfel-Möhren-Müsli

♦ *Eiweiß | Zubereitungszeit: ca. 10 Min.*
1 säuerlichen Apfel waschen, vierteln, entkernen und das Fruchtfleisch auf einer Reibe grob raspeln. Sofort mit 1 EL Zitronensaft beträufeln.
1 Möhre waschen, putzen und fein raspeln. Apfel mit Möhre mischen und 1 EL Leinsamen unterrühren.
125 g Joghurt mit 1 TL Honig verrühren und unter die Rohkost mischen. Mit 1 EL Sonnenblumenkernen bestreut servieren.

Apfelmüsli

♦ *Kohlenhydrate | Zubereitungszeit: ca. 10 Min.*
1 mürben Apfel waschen, vierteln und das Kerngehäuse herausschneiden. Die Apfelviertel in kleine Würfel schneiden.
2 EL kernige Haferflocken mit 1 EL Rosinen, 1 EL Sonnenblumenkernen, 2 TL Honig und den Apfelstücken mischen. 150 g Buttermilch darübergießen.

Honigbrötchen

♦ *Kohlenhydrate | Zubereitungszeit: ca. 5 Min.*
1 Vollkornbrötchen dünn mit Butter bestreichen und 1 EL Honig darüberträufeln.

Käsebrot mit Radieschen

♦ *Kohlenhydrate | Zubereitungszeit: ca. 10 Min.*
1 Bund Radieschen putzen. 1 Scheibe Vollkornbrot dünn mit Butter bestreichen und mit 40 g Käse (siehe Kombiplan Seite 30 bis 41) belegen. Die Radieschen dazu essen.

Knäckebrot mit Salami und Tomate

♦ *Kohlenhydrate* | *Zubereitungszeit: ca. 10 Min.*
1 Tomate waschen, vom Stielansatz befreien und in dünne Scheiben schneiden. 2 Scheiben Knäckebrot mit je 1 EL saurer Sahne bestreichen. Mit je 2 Tomaten- und 2 Salamischeiben belegen. Restliche Tomatenscheiben mit Pfeffer und Salz leicht würzen und zusammen mit den Knäckebroten servieren.

Spiegeleier

♦ *Eiweiß* | *Zubereitungszeit: ca. 10 Min.*
2 Eier in eine Pfanne mit wenig heißem Öl schlagen. Mit Pfeffer und Salz würzen und ausbraten. Die Spiegeleier zusammen mit einer Fleischtomate anrichten.

Rührei mit Schinken

♦ *Eiweiß* | *Zubereitungszeit: ca. 10 Min.*
30 g Schinken in kleine Würfel schneiden und in heißem Öl anbraten. 2 Eier schaumig aufschlagen, mit Pfeffer und Salz würzen, zum Schinken geben und ausbacken. Mit 2 EL Schnittlauchröllchen bestreuen. Zusammen mit einem Stück Salatgurke servieren.

Erdbeerjoghurt

♦ *Eiweiß* | *Zubereitungszeit: ca. 10 Min.*
125 g Erdbeeren waschen und putzen. Die Hälfte davon zusammen mit 1 TL Honig mit einer Gabel zerdrücken. Das Erdbeermus mit 150 g Joghurt mischen. Die restlichen Erdbeeren klein würfeln und auf dem Joghurt verteilen.

Snacks

Hier finden Sie kleine, schmackhafte Zwischenmahlzeiten, die in der langen Zeit zwischen zwei Hauptmahlzeiten für einen Energieschub sorgen. Auch diese Rezepte (ausreichend für eine Person) können Sie ganz einfach nach dem Trennkost-Prinzip aussuchen, je nachdem, ob ein eiweiß- oder ein kohlenhydrathaltiger Snack auf dem Plan steht.

Lachsbrötchen

♦ *Kohlenhydrate* | *Zubereitungszeit: ca. 10 Min.*
2 Salatblätter waschen und trockentupfen. 2 EL Frischkäse mit 1 TL Meerrettich (aus dem Glas) verrühren. 1 Vollkornbrötchen quer halbieren und die untere Hälfte damit bestreichen. Mit den Salatblättern und 2 Scheiben Lachs belegen. Mit der oberen Hälfte abdecken.

Frischkäsebrot mit Forellenstreifen

♦ *Kohlenhydrate* | *Zubereitungszeit: ca. 10 Min.*
1 Stück Salatgurke schälen, in 1 cm dicke Scheiben schneiden und leicht salzen. 1 geräuchertes Forellenfilet in feine Streifen schneiden. 2 EL Frischkäse mit 1 TL Meerrettich glatt rühren. 1 Scheibe Vollkornbrot damit bestreichen und mit den Forellenstreifen belegen. Zusammen mit den Gurkenscheiben servieren.

Vollkornknäcke mit Quark (Foto S. 179)

♦ *Kohlenhydrate* | *Zubereitungszeit: ca. 10 Min.*
4 EL Quark (20 % Fett i. Tr.) mit Salz leicht würzen und 2 Scheiben Knäckebrot damit bestreichen. Mit 4 EL Schnittlauchröllchen bestreuen und servieren.

Tomaten-Käse-Häppchen

◆ *Neutral | Zubereitungszeit: ca. 10 Min.*

1 Fleischtomate waschen, vom Stielansatz befreien, in 1 cm dicke Scheiben schneiden und salzen. 60 g Ziegenkäse grob zerkrümeln. Einige Blättchen Basilikum waschen, trockenschütteln und fein hacken. Die Tomatenscheiben mit einigen Tropfen Olivenöl beträufeln und mit dem Käse und den Basilikumblättchen bestreut servieren.

Sardelleneier

◆ *Eiweiß | Zubereitungszeit: ca. 15 Min.*

2 Eier hart kochen, kalt abschrecken und pellen. Die Eier längs halbieren und das Eigelb jeweils herauslösen. 2 Zweige Petersilie waschen, trockenschütteln und fein hacken. Von 4 Sardellenfilets die kleinen Grätchen entfernen und die Filets in kleine Stückchen schneiden. Eigelb mit 1 TL Senf, 1 EL Crème fraîche und den Sardellenstückchen vermischen. Die Eihälften damit füllen, mit der Petersilie bestreuen.

Hüttenkäse mit Orange

◆ *Eiweiß | Zubereitungszeit: ca. 10 Min.*

1 Orange schälen und in dünne Scheiben schneiden. 1 TL Honig mit 1 EL warmem Wasser verrühren und über die Orangenscheiben geben. Mit 1 TL Zimt bestreuen und zusammen mit 150 g Hüttenkäse servieren.

Heidelbeerkefir

◆ *Neutral | Zubereitungszeit: ca. 10 Min.*

3 EL tiefgekühlte Heidelbeeren zusammen mit 250 g Kefir mit dem Mixstab pürieren. Mit 1 TL Honig oder einigen Tropfen Stevia Fluid (siehe Seite 145) süßen. Gekühlt trinken.

Erdbeersorbet

◆ *Eiweiß | Zubereitungszeit: ca. 10 Min.*

200 g tiefgekühlte Erdbeeren leicht antauen lassen, 1 TL Honig oder einige Tropfen Stevia Fluid (siehe Seite 145) dazugeben und mit dem Mixstab fein pürieren. 2 EL geschlagene Sahne unterrühren. Das Sorbet sofort servieren.

Bananeneis

◆ *Kohlenhydrate | Zubereitungszeit: ca. 10 Min. Gefrierzeit: ca. 45 Min.*

1 große, reife Banane schälen und in grobe Stücke schneiden. Die Bananenstücke in einen Gefrierbeutel geben und für etwa 45 Minuten einfrieren. Anschließend zusammen mit 1 TL Honig und 100 g Joghurt mit dem Mixstab fein pürieren. Das Bananeneis sofort servieren.

Zimtjoghurt mit Nüssen

Neutral | Zubereitungszeit: ca. 10 Min.

175 g Joghurt mit 2 TL gemahlenen Haselnüssen, 2 TL Honig und 1 TL Zimt verrühren. Gekühlt servieren.

Sauerkraut-Snack

◆ *Eiweiß | Zubereitungszeit: ca. 10 Min.*

2 EL Rosinen mit kochendem Wasser übergießen, 5 Minuten ziehen lassen, dann das Wasser abgießen.
2 Scheiben Ananas in kleine Würfel schneiden. Rosinen und Ananas mit 200 g Sauerkraut mischen.

Kohlrabi mit Apfelstücken und Gouda

♦ *Eiweiß* | *Zubereitungszeit: ca. 10 Min.*

1 jungen Kohlrabi schälen und in schmale Spalten schneiden. 1 säuerlichen Apfel waschen, vierteln, entkernen und ebenfalls in schmale Spalten schneiden.

40 g Gouda in kleine Würfel schneiden und zusammen mit den Kohlrabi- und Apfelspalten servieren.

■ Ob süß oder pikant (wie hier ein Vollkornknäcke mit Quark, Rezept Seite 177):
Ein kleiner Snack sorgt für den nötigen Energiekick zwischen den Mahlzeiten.

Wichtige Hinweise zu den Rezepten

Die Vorbereitung

Die Zubereitung der Speisen gelingt Ihnen leichter, wenn Sie sich im Vorfeld das gesamte Rezept sorgfältig durchlesen. Stellen Sie anschließend alle benötigten Zutaten griffbereit zusammen.

Beste Qualität

Achten Sie auf beste Qualität der Ware, denn dies ist maßgebend für ein gutes Gelingen.

Hilfreiches Werkzeug

Gutes Handwerkszeug erspart Ihnen viel Arbeit. So ist das einfachste und hilfreichste Werkzeug in der Küche das Messer. Doch auch elektrische Geräte wie Mixer oder Pürierstab sind von großem Wert und sollten in einem modernen Haushalt nicht fehlen.

Zubereitungszeit

Die in den Rezepten angegebene Zubereitungszeit dient Ihnen nur als Orientierungswert. Sind längere Quell-, Kühl- oder Gehzeiten vonnöten, wurde dies zusätzlich vermerkt.

Zuordnung der Gerichte

Alle Rezepte können Sie leicht zuordnen, da sie mit farbigen Symbolen markiert sind. Kohlenhydratreiche Gerichte tragen ein orangefarbenes ♦ Symbol, eiweißreiche ein ♦ blaues und neutrale Gerichte ein grünes ♦ Symbol.

Wertmarken zur schnellen Orientierung

Die Wertmarken unter den Rezeptnamen zeigen Ihnen auf einen Blick die besonderen Vorzüge des Gerichts. Die Symbole im Einzelnen:

 (Zubereitung dauert maximal 20 Minuten)

 (vegetarisches Gericht)

 Zum Mitnehmen ins Büro geeignet)

 (schmeckt vor allem auch Kindern)

 (wird mit Tiefkühlkost zubereitet)

Maßangaben

Die Zutatenmengen beziehen sich bei Stückangaben, wie z. B. bei »1 Möhre«, auf mittelgroße Rohware. Bei Grammangaben, z. B. »600 g Zucchini«, auf geputzte, küchenfertige Lebensmittel. Bei den Maßangaben »TL« (=Teelöffel) und »EL« (= Esslöffel) gehen Sie bitte von leicht gehäuften Löffeln aus.

Menü selbst kombinieren

Wenn Sie verschiedene Speisen zu einem Menü zusammenstellen möchten: Kombinieren Sie bitte nur kohlenhydratreiche Gerichte oder nur eiweißreiche Gerichte miteinander. Neutrale Speisen können Sie mit beiden Gerichten kombinieren. **Beispiel für ein kohlenhydratreiches Menü:** Italienischer Mischsalat mit Oliven | Italienische Käse-Kartoffel-Pfanne | Mohn-Walnuss-Joghurt **Beispiel für ein eiweißreiches Menü:** Möhren-Kokos-Suppe mit Ingwer | Hähnchen mit Fenchel aus dem Wok | Erdbeercreme

Instant-Gemüsebrühe

Die angegebene Gemüsebrühe in den Rezepten wird als Instant-Streuwürze, aber auch als fester Brühwürfel angeboten. Reine Gemüsebrühen werden nur aus pflanzlichen Zutaten hergestellt, sind cholesterin- und glutenfrei und enthalten keine gehärteten Fette.

Naturreis

Vollkornreis benötigt etwa 40 Minuten Garzeit. Die Kochzeit lässt sich auf 20 Minuten verkürzen, wenn Sie den Reis nach dem Waschen gut mit Wasser bedecken und etwa 8 Stunden quellen lassen. Für alle, denen das Quellen zu lange dauert, bietet der Parboiled Vollkornreis eine echte Alternative. Er wird mit Heißdampf vorgegart und ist daher schon in 10 Minuten fertig.

Meer- und Kräutersalz

Meer- und Kräutersalz sind herkömmlichem Haushaltssalz vorzuziehen. Meersalz enthält wertvolle Mineralstoffe, und Kräutersalz hat nur einen reinen Kochsalzgehalt von etwa 84 Prozent.

Gute Öle und Fette

Die richtige Auswahl an Ölen und Fetten spielt bei Trennkost eine wichtige Rolle. So schützt z. B. kaltgepresstes Olivenöl Herz und Gefäße und verbannt schädliches LDL-Cholesterin aus dem Blut. Auch andere gute Öle wie Rapsöl, Leinöl, Distel-, Sonnenblumen- oder Weizenkeimöl enthalten lebenswichtige Vitamine und Enzyme, die sonst kein anderes Lebensmittel liefert.
Meiden sollten Sie gesättigte und gehärtete Fette, wie sie in billigen Margarinen, Plattenfetten, Frittieröl, raffinierten Ölen, Fertigprodukten,

Kuchen und vielen Süßigkeiten vorkommen. Die darin enthaltenen Trans-Fettsäuren lassen die schlechten Cholesterinwerte steigen und sind damit maßgeblich an Herzerkrankungen beteiligt, auch das Risiko für einen Schlaganfall steigt.

Joghurt

Bevorzugen Sie Joghurts mit rechtsdrehender Milchsäure. Diese kann im Vergleich zur linksdrehenden besser von unserem Körper verstoffwechselt werden. Joghurt mit Zucker und Obst lässt sich bei Trennkost schlecht einordnen. Zucker in Verbindung mit Obst kann schnell zur Gärung und damit zu Verdauungsproblemen führen.

Die süße Verführung

In allen Süßspeisen stecken entweder Zucker, Fruktose, Honig, Ahornsirup, Agavendicksaft, Apfel- bzw. Birnendicksaft oder verschiedene Süßstoffe. Süßigkeiten ganz aus unserem Leben zu verbannen, ist sicherlich illusorisch – und die Statistik zeigt, dass der Zuckerkonsum bei uns von Jahr zu Jahr steigt. Süße Naschereien trösten über manchen Schmerz hinweg und fördern die Produktion des »Glückshormons« Serotonin. Warum dann darauf verzichten?
Dies müssen Sie keineswegs. Versuchen Sie einfach nur, Süßspeisen bevorzugt mit Honig zu süßen. Honig setzt in unserem Körper eine »natürliche Essbremse« in Gang. Nach zwei, spätestens drei Esslöffeln Honig reagiert der Körper mit einem Abwehrmechanismus. Ganz anders bei Süßigkeiten mit Zucker: Hier fällt diese Sperre weg – daher können viele Naschkatzen etwa eine komplette Pralinenschachtel auf einmal leer essen! Eine weitere gute Alternative zu Zucker ist Stevia. Mehr über diesen rein pflanzlichen Süßstoff lesen Sie auf Seite 145.

FAQ – die häufigsten Leserfragen

Kritik an Trennkost

Frage: Immer wieder lese ich, die Trennung von Eiweiß und Kohlenhydraten sei unsinnig. Schon die Natur würde dies beweisen, da beispielsweise Muttermilch zu fast gleichen Teilen aus Eiweiß und Kohlenhydraten bestehe. Wie stehen Sie dazu?

Antwort: Diesen Vergleich mit der Muttermilch kann ich nicht nachvollziehen. Muttermilch besteht in den ersten fünf Tagen aus einer wässrigen, leicht fettigen Vormilch (Kolostrum), wird dann für einige Tage zu einer Übergangsmilch, anschließend zu einer reifen Muttermilch. Diese besteht im Durchschnitt zu 1 Prozent aus Eiweiß, zu 4,5 Prozent aus Fett und zu 7 Prozent aus Milchzucker. Zudem ist Muttermilch schon so weit vorverdaut und aufgeschlossen, dass sie vom Säugling nur noch resorbiert werden muss.

Zur Trennung der Nahrungsmittelgruppen

Frage: Warum verliert man an Gewicht, wenn man Eiweiß und Kohlenhydrate nicht zusammen isst? Was passiert dabei im Körper?

Antwort: Wissenschaftler stellten fest, dass gemischte Nahrung den Blutzuckerspiegel oftmals unnötig in die Höhe treibt. Die Folgen: Die Bauchspeicheldrüse produziert vermehrt Insulin, was zu einer Unterzuckerung führt und so Heißhunger entstehen lässt. Heute weiß man, dass Insulin die Schlüsselsubstanz für eine Fettgewebsneubildung ist. Ein niedriger Insulinspiegel ist also empfehlenswert, nicht nur für die Gewichtsreduktion, sondern auch für viele Erkrankungen, die mit Übergewicht verbunden sind.

Trennkost am Abend

Frage: Neuere Abnehmmethoden empfehlen, am Abend auf Kohlenhydrate zu verzichten und stattdessen eiweißreiche Gerichte wie Fleisch, Fisch, Käse oder Eier zu essen. Mein Problem ist, dass ich nach solchen Mahlzeiten oft unter Schlafstörungen leide. Kann ich daher am Abend kohlenhydratreich essen und trotzdem dabei abnehmen?

Antwort: In meiner langjährigen Arbeit als Trennkost-Seminarleiterin habe ich festgestellt, dass es keine starren Formeln gibt, die bei jedem die gleiche Wirkung haben. Die Erfahrung vieler Trennköstler zeigt, dass man Kohlenhydrate auch am Abend essen kann und trotzdem dabei abnimmt.

Dr. Howard Hay empfahl, am Abend nach Möglichkeit auf schwer verdauliche Eiweißgerichte zu verzichten, da diese zu lange im Magen und Darm verweilen würden. Durch Wärme und Feuchtigkeit käme es nach dem Essen schnell zu einer Gärungs- und Fäulnisbildung, was sich negativ auf das Säure-Basen-Gleichgewicht auswirken könnte.

In Ihrem Fall ist ein leichter Kohlenhydratimbiss am Abend sicherlich bekömmlicher und gesünder. Er fördert das »Schlafhormon« Melatonin, erleichtert so das Einschlafen und sorgt für einen erholsamen Schlaf.

Stichwort: Basen

Frage: In der Trennkosttheorie ist sehr oft von »Basen« die Rede. Ich kann mir gar nichts darunter vorstellen. Können Sie mir diesen Begriff in einfachen Worten erklären?

Antwort: Basen sind ein Sammelbegriff für alkalische Mineralien, Vitamine, Enzyme und Spurenelemente. Sie sind reichlich in Grün- und Wurzelgemüse, in Salaten, in Rohkost, Obst und Keimlingen, in Hirse, in den Keimen der Getreidekörner, in Kartoffeln, in Kernen, Nüssen und Samen enthalten. Basen können eine Übersäuerung im menschlichen Körper neutralisieren.

Die Bedeutung der »Neutralen«

Frage: Bei der Trennkost unterscheidet man drei Gruppen: die der Eiweiße, die der Kohlenhydrate und die »Neutralen«. Was bedeutet überhaupt neutral?

Antwort: Neutral bedeutet, dass die Speisen, die zu dieser Gruppe gehören, weder die Eiweiß- noch die Kohlenhydratverdauung stören. Zur neutralen Kost zählen alle gesäuerten Milchprodukte, vollfetter Käse, Butter, Sahne, Öl, Nüsse, Keimlinge sowie fast alle Gemüse- und Salatsorten.

Über Cholesterin

Frage: Ich leide an einem hohen Cholesterinspiegel. Kann ich trotzdem vollfetten Käse, Butter und Eier essen?

Antwort: Cholesterin ist ein wichtiger Baustein allen menschlichen und tierischen Lebens und darf deshalb nicht verteufelt werden. Ein erhöhter Cholesterinspiegel zeigt an, dass der Fettstoffwechsel gestört ist und man in Bezug auf den Fettkonsum Vorsicht walten lassen sollte. Bei der Trennkost brauchen Sie auf vollfetten Käse, Butter und Eier nicht zu verzichten, sofern Sie diese Lebensmittel in Maßen essen – allerdings unter der Voraussetzung, dass Sie neben diesen säurebildenden Nahrungsmitteln zum Ausgleich sehr viel basenreiche Kost (Gemüse, Salate, Rohkost und Obst) zu sich nehmen. Diese pflanzlichen Nahrungsmittel enthalten neben verschiedenen anderen Mineralien und Vitaminen das wertvolle Mineral Kalium, welches den Verhärtungsprozess der Blutgefäße aufhalten kann.

Gesund essen im Job?

Frage: Mein größtes Problem: Richtig essen im Job. Welche trennkostgerechten Speisen kann ich ohne großen Aufwand mit an den Arbeitsplatz nehmen?

Antwort: Zum Mitnehmen eignen sich Frikadellen, kalter Braten, Roastbeef, Geflügelwurst, gekochte Eier, Käse, Joghurt- oder Quarkspeisen, natürlich auch Sandwichs, »neutral« belegt. Dazu passen Tomaten- und Gurkenscheiben, Paprikastreifen, blanchierte Blumen- und Brokkoliröschen. Auch kalte Salate wie Geflügelsalat, Wurstsalat, Eiersalat, Thunfischsalat oder Kartoffel- bzw. Nudelsalat lassen sich bequem und sauber transportieren.

Trennkost im Alter

Frage: Ich bin schon über siebzig. Kann ich auch im Alter noch nach den Regeln der Trennkost essen oder ist diese Art der Ernährung nur für junge Menschen geeignet?

Antwort: Eine gesunde Ernährung ist in jedem Alter sinnvoll. Allerdings sollten Sie langsam mit der Ernährungsumstellung beginnen und Ihr Essen besonders gut kauen. Achten Sie zunächst nur auf die getrennte Essweise und bauen Sie bei den Mahlzeiten Schritt für Schritt etwas Vollwertkost mit ein. Hat Ihr Darm sich an die neue Art der Ernährung gewöhnt, können Sie zusätzlich fein geraspelte Rohkost mit auf den Speiseplan nehmen.

Trennkost hat sich auch bei älteren Menschen bestens bewährt. Viele konnten ihre chronische Müdigkeit besiegen und bekamen so wieder neue Energie und neuen Lebensmut.

Zur Verträglichkeit von Hülsenfrüchten

Frage: Ich esse immer wieder gerne eine Erbsen- oder Bohnensuppe. Wo kann ich diese bei der Trennkost einordnen?

Antwort: Hülsenfrüchte sind als schwer verdaulich bekannt, was unter anderem auf die Saponine (organische Verbindungen) zurückzuführen ist. Diese wirken im Darm stark schäumend – ähnlich wie eine Seifenlauge, die die Luft am Entweichen hindert. Die Folge ist ein aufgeblähter Bauch. Hülsenfrüchte sind außerdem zu fast gleich großen Teilen Eiweiß- und Kohlenhydratträger und darum bei der Trennkost nicht einzuordnen.

In welche Gruppe gehören Äpfel?

Frage: Welche Apfelsorten zählen zur Gruppe der Eiweiße und welche zur Gruppe der Kohlenhydrate?

Antwort: Der frische, saftige Apfel enthält noch sehr viel Fruchtsäure und zählt darum zur Eiweißverdauung. Ein mürber, etwas runzelig gewordener Apfel hat diese Fruchtsäure verloren und stattdessen Kohlenhydrate bilden können. Darum zählt er jetzt zur Gruppe der Kohlenhydrate. Die Sorten spielen bei der Einordnung keine Rolle.

Kalorienzählen ade?

Frage: Ich habe mein Leben lang Kalorien gezählt – und nun brauche ich dies bei Trennkost plötzlich nicht mehr zu tun?

Antwort: Kalorienzählen ist nicht immer sinnvoll. Besonders dann nicht, wenn die Hauptanstrengung darin besteht, sich Essen zu versagen. Aus meiner Erfahrung weiß ich, dass Menschen, die Kalorien sparen möchten, oftmals den ganzen Vormittag nichts essen. Erst um die Mittagszeit werden zögernd kalorienarme Nahrungsmittel verspeist, etwa in Form von Joghurt oder einem trockenen Brötchen. Am Nachmittag und Abend werden dann die »gesparten« Kalorien in süßen Kuchen und herzhafte Wurst umgesetzt.

Umgerechnet haben diese Menschen zwar oft kaum mehr als 1000 Kalorien täglich aufgenommen, setzen sich dadurch aber der Gefahr einer Unterzuckerung und einem akuten Vitamin- und Mineralstoffmangel aus. Beides kann durch die Unterversorgung dann zu folgereichen Heißhungerattacken führen.

Besser ist es, regelmäßige Mahlzeiten einzunehmen und mehr auf das Säure-Basen-Gleichgewicht zu achten. Das bedeutet: Essen Sie jeweils zu einem Teil Eiweiß oder Kohlenhydrate die drei- bis vierfache Menge an Gemüse oder Salaten.

Marmelade erlaubt?

Frage: Ich esse sehr gerne am Nachmittag ein Marmeladenbrot. Muss ich bei Trennkost darauf verzichten?

Antwort: Marmelade ist bei Trennkost schlecht einzuordnen. Früchte wie Erdbeeren, Kirschen oder Johannisbeeren werden sauer verdaut und können gemeinsam mit Zucker Sodbrennen verursachen. Marmeladen oder Konfitüren aus Heidelbeeren oder Hagebutten sind hier verträglicher. Wenn Sie jedoch einmal großen Appetit auf Erdbeermarmelade haben, dann gönnen Sie sich guten Gewissens diesen Genuss.

Wie kann man Milch ersetzen?

Frage: Da Milch zu den Eiweißen zählt, weiß ich jetzt nicht mehr, wie ich Kartoffelbrei, Pfannkuchen oder Pudding zubereiten kann. Gibt es einen gut schmeckenden Milchersatz?

Antwort: Stampfen Sie den Kartoffelbrei im eigenen Kochwasser und geben Sie zum Schluss etwas süße Sahne hinzu. Pfannkuchen schmecken besonders gut mit leicht verdünnter Kokosmilch aus der Dose. Ein wunderbarer Milchersatz für Puddings ist Sahne, mit Wasser vermischt. Ein Drittel Sahne und zwei Drittel Wasser ergeben eine gute Mischung. Probieren Sie auch gerne einmal Soja- oder Reismilch aus!

Über Schokolade

Frage: Ich esse so gerne Schokolade. Ist das bei Trennkost erlaubt?

Antwort: Essen ist Ausdruck von Lebensfreude, und gerade Schokolade schmeichelt der Seele und lässt den Serotoninspiegel ansteigen (Serotonin ist das »Glückshormon«). Manchen von uns tut es einfach gut, ab und zu Schokolade zu essen. Darum können Sie sich immer wieder auch Ausnahmen gönnen und von Ihrer Lieblingsschokolade naschen.

Sollte die Schokolade allerdings schon zur Sucht geworden sein, empfehle ich Sorten mit 60 bis 70 Prozent Kakaoanteilen, die die Sucht langsam eindämmen. Denn es ist nicht von der Hand zu weisen: Zu viel Schokolade kann zu Reizbarkeit, übler Laune, Aggressivität, sogar zu Depressionen führen.

Die Einordnung von Tomaten bei Trennkost

Frage: Ich verwende oft Tomaten und kann nicht begreifen, warum rohe Tomaten neutral sind, gekochte Tomaten hingegen plötzlich zu den Eiweißen gehören sollen.

Antwort: Der Kochprozess verändert die Substanz der Früchte und lässt sie nach dem Erhitzen sauer schmecken. Machen Sie einen Test und kochen Sie eine Tomatensauce. Sie werden merken, dass diese nach dem Kochen sauer schmeckt und Sie zum Ausgleich etwas Zucker und Sahne zugeben müssen.

Dies ist auch der Grund, warum Sie Tomaten nie in einem Aluminiumtopf kochen sollten. Die Säure greift das Metall an, wodurch das Kochgut einen metallischen Geschmack annimmt. Im Extremfall können nach dem Verzehr von Tomaten, die im Aluminiumtopf gekocht wurden, sogar gesundheitliche Schäden die Folge sein.

Wie Ursula Summ zur Trennkost kam ...

Ursula Summ wurde 1947 in Hofheim/Ts. geboren und kam als junge Frau über eigene Probleme mit Gewicht und Gesundheit 1978 zur Hay'schen Trennkost. Sie begann, diese Ernährung weiterzuentwickeln und ihre Erfahrungen anderen Menschen mitzugeben. Sollten auch Sie sich zur Trennkost-Beraterin/zum Trennkost-Berater berufen fühlen, so haben Sie keine Scheu und melden Sie sich bei ihr.

Ihr persönlicher Kontakt zur Autorin

Ursula Summ, Bestsellerautorin zahlreicher Trennkost-Bücher, entwickelte aus ihrer langjährigen Erfahrung mit Übergewichtigen ein überzeugend einfaches Abnehmprogramm. Mit der Trennkost-Methode macht sie begreiflich, dass der Schlüssel zur Gewichtsabnahme nicht im Entsagen liegt, sondern im richtigen Essen. Kalorienzählen ist hier tabu, stattdessen führt die richtige Strategie zum Erfolg. Parallel zu ihren Büchern bietet Ursula Summ Ihnen, per Post oder per Internet, zusätzlich ein Trennkost-Seminar zum gesunden Abnehmen an.

Weitere kostenlose Informationen rund um das Abnehmen erhalten Sie bei:
Trennkost Ursula Summ
Buzon N° 356, Calle Patricio Ferrandiz 40
E-03700 Denia / Alicante, Spanien
Tel. (0034) 966 421 120, Fax (0034) 965 784 715
E-Mail: summ@trennkost.de
Homepage: www.trennkost.de

Wenn Sie ein weiteres dem Buch beigelegtes Trennkost-Poster haben möchten, kontaktieren Sie uns über www.trias-gesundheit.de

Literatur

Keller, Markus: *Alternative Ernährungskonzepte. Schriften zur Ökotrophologie,* Bd. 2. Verlag Dr. Kovač, Hamburg 2008

Reckeweg, Hans Heinrich: *Schweinefleisch und Gesundheit.* Aurelia Verlag, Baden-Baden 2001

Summ, Ursula / Heintze, Thomas: *Der Trennkost Doktor. Wie Sie mit Trennkost Krankheiten und Beschwerden lindern können.* Verlag Droemer Knaur, München 2008

Sachverzeichnis

Rezeptverzeichnis

Impressum

Liebe Leserin, lieber Leser,

hat Ihnen dieses Buch weitergeholfen? Für Anregungen, Kritik, aber auch für Lob sind wir offen. So können wir in Zukunft noch besser auf Ihre Wünsche eingehen. Schreiben Sie uns, denn Ihre Meinung zählt!

Ihr TRIAS Verlag

E-Mail Leserservice:
heike.schmid@medizinverlage.de

Adresse:
Lektorat TRIAS Verlag, Postfach 30 05 04,
70445 Stuttgart
Fax: 0711 - 8931 - 748

Bibliografische Information
der Deutschen Nationalbibliothek
Die Deutsche Nationalbibliothek verzeichnet diese Publikation in der Deutschen Nationalbibliografie; detaillierte bibliografische Daten sind im Internet über http://dnb.d-nb.de abrufbar.

Redaktion und Bildredaktion:
Kathrin Gritschneder, Annette Barth

Layout und Satz: griesbeckdesign, München

Umschlaggestaltung: CYCLUS
Visuelle Kommunikation, Stuttgart

Bildnachweis: Vordere Umschlagseite: Stockfood
Hintere Umschlagseite: oben: Norbert Hellinger; alle übrigen: Brigitte Sporrer
Fotos im Innenteil: Stefan Braun/Thieme: S. 24; creativstudio-Fotolia.com: S. 10; Image Source: S. 28; Norbert Hellinger: S. 6, 186; mapoli-photo-Fotolia.com: S. 44; Chris Meier: S. 16, 179; MEV: S. 43; Thomas Möller/Thieme: S. 20; Brigitte Sporrer: S. 4, 5, 8/9, 52/53, 54, 58, 62/63, 66, 70/71, 74, 78/79, 83, 86, 90/91, 94/95, 96, 100/101, 104, 108/109, 112, 118, 122/123, 127, 128, 132/133, 136, 140/141, 144, 148/149, 154, 158/159, 162, 166, 170/171, 174/175; Stockfood: S. 3

1. Auflage

© 2010 TRIAS Verlag in MVS Medizinverlage Stuttgart GmbH & Co. KG
Oswald-Hesse-Straße 50, 70469 Stuttgart
Printed in Germany

Gesetzt in: QuarkXPress 6.5
Druck: Offizin Andersen Nexö Leipzig GmbH, Zwenkau

Gedruckt auf chlorfrei gebleichtem Papier

ISBN 978-3-8304-3666-9   1 2 3 4 5 6

Wichtiger Hinweis: Wie jede Wissenschaft ist die Medizin ständigen Entwicklungen unterworfen. Forschung und klinische Erfahrung erweitern unsere Erkenntnisse, insbesondere was Behandlung und medikamentöse Therapie anbelangt. Soweit in diesem Werk eine Dosierung oder eine Applikation erwähnt wird, darf der Leser zwar darauf vertrauen, dass Autoren, Herausgeber und Verlag große Sorgfalt darauf verwandt haben, dass diese Angabe dem Wissensstand bei Fertigstellung des Werkes entspricht.

Die Ratschläge und Empfehlungen dieses Buches wurden vom Autor und Verlag nach bestem Wissen und Gewissen erarbeitet und sorgfältig geprüft. Dennoch kann eine Garantie nicht übernommen werden. Eine Haftung des Autors, des Verlages oder seiner Beauftragten für Personen-, Sach- oder Vermögensschäden ist ausgeschlossen.

Geschützte Warennamen (Warenzeichen) werden nicht besonders kenntlich gemacht. Aus dem Fehlen eines solchen Hinweises kann also nicht geschlossen werden, dass es sich um einen freien Warennamen handelt.